有馬晋作
Arima Shinsaku

暴走するポピュリズム

日本と世界の政治危機

筑摩選書

暴走するポピュリズム　日本と世界の政治危機　目次

暴走するポピュリズム

日本と世界の政治危機

まえがき

トランプ大統領の登場や欧州でのポピュリズム台頭によって、ポピュリズムという言葉は、マスメディアでもよく使われるようになり一般的な言葉となったといえる。しかし日本では、過去、小泉劇場のほか橋下劇場、さらに近年では小池劇場など、主に自治体レベルでポピュリズム現象がおきていたが、これまで日本のポピュリズムについて総合的に論じた書は少なかった。一方、欧米をみると、新型コロナウイルスの感染拡大もあって、ポピュリズムの勢いはなくなっているようにみえるが、二〇二二年のフランス大統領選での急進右派「国民連合」のルペン躍進が予想されるなど、依然としてその勢いはあり、トランプ現象が示したように、アフター・コロナでは一気に暴走する恐れもある。

本書は、欧米のポピュリズムの動向をみながら、日本のポピュリズムを論じるものである。まず序章で、日本の新聞で、ポピュリズムという言葉が、どのように登場したかを糸口に、「ポピュリズムとは何か」について、学問的にも明らかにした上で、ポピュリズムの持つ問題点や危険性に言及する。その上で、第I部は、「日本のポピュリズム」と題し、平成時代の政治経済とともにポピュリズムを振り返り、自治体レベルでのポピュリズム的首長が多いことを明らかにする。さらに橋下劇場と小池劇場を詳しくみて、どのような背景でポピュリズムが発生するか日本政治の仕組みもみてみたい。なお第Ⅰ部は、二〇一一年頃から活発になった我が国のポピュリズム論を総括する試みでもある。

第Ⅱ部は「世界のポピュリズム」と題し、世界のポピュリズムの歴史を振り返りつつ、トランプ大統領と、近年、台頭する欧州のポピュリズム政党をみる。このなかには、まさに暴走して独裁に転じるポピュリズムもみられる。さらに、現在は世界歴史的にみて、ポピュリズム第三波に入っていることも明らかにする。そして、欧州でのポピュリズム台頭の要因と、その未然防止策を論じる。読者にとっては、日本とともに欧米のポピュリズムの動向を理解することは、さまざまな面で大いに役立つと考える。

第Ⅲ部は「ポピュリズムへどう立ち向かうか」と題し、日本でポピュリズムが起きにくい理由をはじめ、起きる要因の状況と未然防止策を検討する。さらに、ポピュリズム政党が政権与党を脅かすまで台頭したとき、または、もし独裁的なポピュリストが政権を取った場合、我々が取るべき対応策まで論じる。このような状況まで想定し考察したものは、これまでないといえる。日本の有権者への警告となるとともに、今後のポピュリズム研究に貢献できればと思う次第である。そして終章では、新型コロナ禍での権威主義的な国家の伸長などによって、リベラル・デモクラシーのあり方が問われるようになったが、あらためてリベラル・デモクラシーの意義と危機を論じたい。

本書は、以上のような内容と構成になっているが、二つの特色を持つ。一つ目は、「一話完結」つまり「一章完結」となっていることである。どの章も、その章だけ読んでも内容が分かるようにしたつもりである。二つ目は、ビジネスマンをはじめ一般の人々にも分かりやすく執筆していることである。すなわち、ポピュリズムは、一般の人々の支持を幅広く得ようとするので、本書も、日々仕事に忙しい一般の人にとって読みやすい書になるよう最大限努力したつもりである。

新型コロナの完全なる収束は、結局、ワクチン接種の状況次第という先行き不透明ではあるが、来年または再来年以降のアフター・コロナにおける我が国および世界のポピュリズム伸長を視野に入れて、本書は日本と世界の政治に新たな警告を発する書となっている。

序　章

ポピュリズムとは何か

自ら「ポピュリスト」とか「ポピュリズム」と自称する政治家がいないように、「ポピュリズム」という用語は、政敵などを批判する言葉として使われてきた。そこで本章では、まず、日本のマスメディアで「ポピュリズム」という用語がどのように登場し使われてきたか振り返ることにより、ポピュリズムとは何か考えてみたい。なお政治学での定義も紹介するとともに、デモクラシー論からポピュリズムの持つ問題点や危険性も取り上げたい。

1　日本政治でのポピュリズム現象

日本での最初のポピュリズム現象——青島東京都知事

日本政治において、ポピュリズムという用語が初めて使われた、すなわち初のポピュリズム現象とは、いつであろうか。毎日新聞（東京本社朝刊）データベースを検索してみると、それは一九九五年四月一三日の「無党派はポピュリズム」という見出しの記事である。この記事は、「東京・大阪の無党派知事ショックが永田町を揺さぶっている」という記述から始まり、四月九日、知事選を制した青島幸男東京都知事、横山ノック大阪府知事の両知事について、ポピュリストとは断じていないが、有権者に無党派が増えたため、日本政治はポピュリズム（大衆主義）を前提とせざるを得なくなったという内容である。

そして、新進党の細川護熙元首相が一二日の記者会見で、東京都・大阪府両知事選の結果について、「民主的政治のシステムに対する『テレビ型ポピュリズム』の挑戦だ。チャンネルをどんどん回すような飽きっぽい現象だ」と、有権者を批判するような発言をする。なお記事の中で、「「大衆主義」と訳される「ポピュリズム」は、ここ数年、欧米で語られてきた。前回米大統領選での「ペロー現象」や、イタリアでの右翼政党の躍進など、支配層への嫌悪、エリート軽侮、既成政党否定の潮流は日本だけの現象ではない。」と解説していた（毎日新聞一九九五年四月一四日）。

記事の中で細川元首相が出ているが、この九五年四月の頃は、自民の長期政権いわゆる五五年体制を打破した非自民の細川連立政権の後の「社会・自民・さきがけ」による村山連立政権のときである。この政権では、九五年一月には阪神・淡路大震災、三月には地下鉄サリン事件など平成時代の大きな災害、事件がおきていた。

ここで、青島都知事の知事選と、その都政をみてみたい。一九九五年四月、反権力、無党派を標榜する青島幸男が、官僚都政の打破を旗印に都知事選を勝利し知事に就任する。青島はテレビ発展時に放送作家として活躍し、作詞家としては「スーダラ節」などのヒット、テレビ俳優としては「意地悪ばあさん」を主演し、すでに参議院議員となっていて有名人だった。知事選では、ポスト鈴木（鈴木俊一前知事）をねらい自民、公明などの党が相乗りした元官房副長官・石原信雄を、約四六万票差で破っている。しかし選挙期間中、青島は自宅にこもり選挙運動はいっさいしなかった。この異例な選挙運動と当選という選挙結果は、官僚出身の鈴木長期政権への飽きでもあり有権者による既成政党の相乗り批判でもあった。青島の公約といえば、前鈴木知事が推進した臨海副都心での世界都市博覧会の中止ぐらいで、結局、いっさい選挙運動をしなかった青島を選挙で押し上げたのは無党派層だった。就任後、青島知事は、早速、世界都市博覧会を中止する。そして政策は、都民の生活重視とし「生活都市東京構想」を策定したが、結局、任期四年の間、都市博中止以外には目立った実績はなかった。九九年、青島は自ら二期目不出馬を表明することになる(1)。

以上の青島の知事選をみると、日本最初のポピュリズムといわれたが、その実態は、知名度の高い政治家による選挙の時の単なる「人気取り」的な行為というレベルかもしれない。また、革新知事の代表といえる美濃部知事（六七～七九年）も含め保守派の鈴木知事時代（七九～九五年）までは、都知事選での政党公認や推薦は票獲得に一定の効果を発揮していたが、無党派層の増加によって、都市部、特に東京都知事選での政党公認や推薦は、それほど効果がないことが明白になったといえる。

ポピュリズムという用語の定着——国会の論争

次にポピュリズムという用語が大きく注目されたのが、一九九七年一月二七日の衆議院予算委員会である。このとき、民主党の仙谷由人（せんごくよしと）政調会長が「どの党がポピュリストか」と橋本龍太郎首相に迫るという出来事があった。発端は、朝日新聞紙上での宮沢元首相と小沢一郎・新進党党首との対談であった。このとき宮沢は、前年（九六年）九月に結党した民主党を「ポピュリストの政党」だとして、「市場経済の欠点を強調して、情緒に訴えて自分たちの存在をアピールしようとしている」と批判していた。仙谷は、これを取り上げ、「うちは野党だけれど消費税二％アップを容認している」と反論し、小沢率いる新進党の一八兆円減税や、自民党の公共事業ばらまきの補正予算の公約について、「これこそポピュリズムだ」と国会で批判した（毎日新聞一九九七年一月二〇日）。

この論争の背景には、都市部サラリーマンなど中間層において、国債増大による日本の財政への危機感が広まっていたからといえ、それもあって自民・橋本首相は財政改革の必要性を強く主張していた[2]。今より格段に、財政規律維持の考えは、政治家も含め一般の人々も強かったといえよう。このときの国会でのポピュリズム批判が、日本において、ポピュリズムをバラマキ政策のように、「大衆迎合的で無責任な政治」とみる見方が普及する大きなきっかけになった。

ところで、細川連立政権（九三年八月〜九四年四月）を担った非自民の政党について、細川政権後の変遷をみると、保守新党（新進党、日本新党、さきがけ）は小沢一郎率いる新進党にいったん集結したが、新進党は九七年に解党して多くの議員は、社会党などの議員で結成したリベラル系・民主党に移籍する。その結果、九八年四月、自民党に対抗し得る野党第一党・民主党が誕生することになる。これは、細川政権下の九四年政治改革が目指していた政権交代可能な自民・民主の二大政党の実現であった。しかし、見ようによっては、それは小選挙区では生き残れない小規模政党の「離合集散」の結果であった。

　このように非自民つまり野党が一本化する民主党ができるまで、つまり先ほどの野党側が離合集散している頃、自民側は野党を、その政策が大衆迎合のポピュリズムだと批判することがあったし、このレッテル張りに、野党側も自民や他政党の政策が大衆迎合のポピュリズムと批判するなどした。このようにして、ポピュリズムという用語が日本政治において定着するとともに、「大衆迎合的な無責任な政治」というポピュリズム理解が広まり、「大衆扇動」という理解も批判の応酬の中で出てきたものといえる。

　このようなポピュリズムの理解は、日本で初めてポピュリズムと呼ばれた前述の青島都知事（九五～九九年）の影響というより、革新知事である美濃部亮吉都知事（六七～七九年）の福祉政策、たとえば老人医療費の無料化や老人福祉手当（一九七九年：月額一一五〇〇円）がバラマキだと批判されたものと相通じるといえる[3]。

　このようにして、日本でポピュリズムという言葉について、「大衆迎合主義」と訳し「大衆迎合的で無責任な政治」という理解が定着するのは、九〇年代後半である。たとえば一九九八年一月、毎日新聞の大井浩一は、最近の〇〇主義、〇〇イズムは、それと反対の考えをもつ側によるレッテル張りとして、もっぱら否定的に用いられるケースが多くなったとし、「こんなことを考えたのは、新進党を解党した小沢一郎氏が、昨日までの〝同志〟が民主党などと統一会派を作る動きを批判するのに『ポピュリズム』との表現を使ったからだ。さまざまな意味を含む言葉だが、ここでは『大衆迎合主義』といったところだろう」（毎日新聞一九九八年一月一二日）と述べている。

同じく木村正人（2006）も、朝日新聞・日本経済新聞を検索し、九〇年代半ば以降になると、日本の政治現象についてポピュリズムという用語が使われだしたとする。先ほどの国会の場でのポピュリズムという用語の登場つまり九七年頃から、ポピュリズムを「大衆迎合主義」と訳し非難の対象とする理解が一般化し、以後、用法はほぼ確定しているようであると指摘している（木村正人2006：102,104）。

このように日本政治の最初のポピュリズム的政権といえる小泉政権が登場する二〇〇一年以前には、ポピュリズムを大衆受けする政治をとる「大衆迎合的な無責任な政治」と理解し、「大衆迎合主義」とか「大衆扇動」と批判的に訳すのが定着していったといえる。ちなみに、「大衆迎合的な無責任な政治」とは、政治学的にいえば民主主義の持つ多数者すなわち大衆による支配の負の現象、すなわち「衆愚政治」に該当するものといえる。さらに、経済学者を中心としたポピュリズムの定義つまり「ポピュリズムとは主として無責任な経済政策の一類型」（ミュデ／カルトワッセル2018：11）という理解にも該当するといえ、この理解は、八〇、九〇年代のラテンアメリカのポピュリズム研究の影響を受けている。

ポピュリズムの新たな展開──小泉劇場と民主党政権

二〇〇一年四月、小泉純一郎首相による小泉政権（〇一年四月〜〇六年九月）が誕生するが、「小泉劇場」と呼ばれ本格的なポピュリズム政権であった。しかしバラマキ的な政策をとらず、むしろ国民の痛みを伴う構造改革を行った。「失われた一〇年」と呼ばれたバブル経済崩壊後の九〇年代の長期にわたる景気低迷を打破するため、「聖域なき構造改革」と称して規制緩和を進め経済を活性化しようとする。そして、既得権益グループを敵として、小泉首相は、「自民党をぶっ壊す」と挑発的に発言するなど「大衆迎合」とは違うポピュリズムで「小泉劇場」と呼ばれた（次章3で詳述）。すなわち「小泉劇場」とは、政治を利害調整でなく「善玉悪玉二元論」（大嶽2006：2）としてとらえ、敵を作って戦うという政治スタイルによって幅広い支持を獲得するポピュリズムだった。この「小泉劇場」の代表例としては、小泉の改革の象徴である郵政民営化を進めるための〇五年郵政解散総選挙が有名である。

日本のマスメディアも小泉政権について「ポピュリズム」という言葉より「小泉劇場」という言葉を用いて、小泉を論じることが多々あった。毎日新聞（東京本社朝刊）を検索すると、小泉の任期中（約五年間）に「小泉劇場」という言葉が入った記事が四五件登場し、その多くが〇五年の郵政解散総選挙に関するものである。たとえば、解散直後の毎日新聞・社説（二〇〇五年八月一一日）をみると、「「小泉劇場」に振り回されずに」と題して「敵と味方を峻別し、敵に「抵抗勢力」のレッテルを張る。その勢力との摩擦熱を利用して政権浮揚を図る。「小泉劇場」を作り出し、自ら主役を演じてきたのが、この政権の四年四カ月である。（略）投票までまだ一カ月ある。本番の選挙を単なる小泉首相の人気投票に終わらせないよう、各陣営の戦い方をじっくり見極めたい。」と述べている。すなわち、ここではポピュリズムを政治スタイルや政治戦略として、とらえていることが分かる。

そして、この小泉劇場と重なるように、その後、自治体レベルでポピュリズム的な知事や市長が次々と登場することになる（第1章で詳述）。

次にポピュリズムと批判された民主党政権（〇九年九月～一二年一二月）をみてみたい。小泉政権後、自民は短命政権が続き、二〇〇九年、年金記録に間違いが多発する「消えた年金記録」問題という追い風を受け、民主党は「政治主導」を看板に政権交代を果たす。選挙で提示されたマニフェスト（政権公約）をみると、「国民の生活が第一」をスローガンに、農家への戸別所得補償、子ども手当支給、高校無償化、高速道路無料化などバラマキ的な政策が多々みられた。[4]たとえば毎日新聞は、二〇一二年七月、「バラマキ・ポピュリズム」という見出しで、当時の民主党・野田首相の打ち出した消費税増税の方針に関して、マニフェストにあった子ども手当は看板政策だが財源不足で額を減額して支給されることになったとし、「民主党のバラマキ・ポピュリズムの体質はいまも変わっていない。それを引きずったままの消費増税だから、釈然としない」（毎日新聞二〇一二年七月一四日）と批判している。

このように、民主党政権については、小泉政権以前のポピュリズム理解、すなわち「大衆迎合的な無責任な政治」と評価されていた。このため、今でも民主党政権は、「まさにポピュリズム時代の選挙第一主義の政策」(佐道2012：198) をとったと批判されることがある。三年間という短期政権となった民主党政権の下では、東日本大震災、福島原発事故という戦後最大の災害・事故がおきた。これは民主党政権の政権運営能力が問われたほか、マニフェストに掲げた政策の中には財源不足で実施できないものもみられ、結局、国民は民主党政権に失望することになる。また二〇一〇年七月の参議院選挙での野党つまり自民勝利もあって衆参の「ねじれ」が生じ、民主党政権は「決定できない政治」に陥る。次の本格的なポピュリズム現象で、政治スタイル、政治戦略としてのポピュリズムを駆使した橋下徹大阪府知事(第2章で詳述) から、しきりに民主党は「決定できない政治」と批判され、自分は「決定できる民主主義」と強調されるきっかけとなった。

2 学問的な「ポピュリズム」定義

政治学でのポピュリズム理解——多様な定義

これまで、マスメディアでのポピュリズムという用語の登場から、日本のポピュリズム現象が社会でどう理解されてきたかをみたが、ここでは、日本の政治学においてポピュリズムは、どのように理解・定義されているかみてみたい。

大嶽(おおたけ)秀夫 (2003) は、日本の政治学におけるポピュリズムという概念の源流は、二つあるという。一つ目は、一九世紀末にアメリカの農民が鉄道会社など独占企業に対して人民党（ポピュリスト党）を結成して展開した大衆的政治運動である。二つ目は、一九三〇年代から五〇年代にラテンアメリカにおける大衆の支持を得た政治リーダーによる権威主義的な政治指導である。これは、カリスマ性を持った指導者が、扇動的なスローガンや大衆迎合的政策を利用して大衆動員を図った政治スタイルである。そして、日本の政治学でポピュリズムという用語が使われるときは、二つ目の意味が強調されファシズムに近い意味で使われていたという（大嶽2003：111-112）。ただ近年は、欧州のポピュリズム政党の台頭によって、反エリートの大衆重視の政治運動という理解も進んでいる。

一方、先ほど指摘したように、政治学でも日本における最初で本格的なポピュリズムは、二〇〇〇年代前半の小泉政権だとされる。大嶽秀夫（2006）は、小泉政治を「ポピュリズム政治」あるいは「劇場型政治」だと分析している。そして、その特徴は、「善玉悪玉二元論」を基礎に、政治を道徳的次元の争いに還元するもので、その際、プロフェッショナルな政治家や官僚を政治・行政から「甘い汁」を吸う「悪玉」として、自らを一般国民を代表する「善玉」として描き、その両者の間を勧善懲悪的ドラマとして演出するという。ここでは、政治がそれぞれの正統性をもつ利益の対立、調整の過程として、あるいは社会的、経済的課題の達成としてイメージされることはないと指摘していた（大嶽2006：2）。

そのほか、ポピュリズムについての日本の研究者の代表的な定義としては、山口二郎の「大衆のエネルギーを動員しながら一定の政治的目標を実現する手法」（山口2010：11）、吉田徹の「国民に訴えるレトリックを駆使して変革を追い求めるカリスマ的な政治スタイル」（吉田2011：14）という定義がある。ちなみに筆者は、世界のポピュリズムの歴史を振り返って、現代のポピュリズムは「政治リーダーが一般の人々の幅広い支持を直接獲得するため、現在の政治は十分機能していないといった人々の不満を巧みに利用して、上から変革を進める政治」（有馬2017a：23）と定義していた。

以上のことから、政治学においては、日本のマスメディアが用いている「大衆迎合主義」つまり「大衆迎合的な無責任な政治」という理解は、必ずしもなされていないことが分かる。このようななか、水島治郎（2016）は、海外の研究者による定義も含めポピュリズムの定義は次の二つに大別できるとする。

①固定的な支持基盤を超え、幅広く国民に直接訴える政治スタイル。
②「人民」の立場から既成政治やエリートを批判する政治運動。

水島は、定義①は政治リーダーの政治戦略、政治手法としてのポピュリズムに注目するのに対し、定義②は政治運動としてのポピュリズムに重点を置くとする。そして、①に前述の大嶽・吉田の定義、②にポピュリズム研究で有名なカノヴァンの定義を例にあげる。ただ、この二つの定義はどちらが正しい定義というのではなく、また相互に排他的とも限らないとする（水島2016：6-8）。筆者は、定義①②は「敵の設定」を通じて共通性があると考える。つまり、定義①でも定義②と同じく、既成政治やエリートを敵に設定して幅広い支持を獲得しようとするからである。ちなみに本書、特に「第I部」は、この定義①②をベースにポピュリズムを論じている。

ポピュリズム概念の核心――海外のポピュリズム研究から

ここでは、海外のポピュリズム研究による定義をみてみたい。実は、海外のポピュリズム研究の歴史もそう古くない。「世界に幽霊が徘徊している。ポピュリズムという幽霊が」という冒頭の記述で有名な一九六九年刊行のイオネスクとゲルナーによる『ポピュリズム』という著書が初めであるとされる。この著書は、一九六七年、ロンドン・スクール・オブ・エコノミクス(LSE)で開催された学術会議に提出された諸論文がもとになっており、多くの参加者の合意は、ひとつの定義に集約できないというものだった。[5]

そして、これまで、多くの国でポピュリズムが登場し、政治学者もポピュリズム理解すなわち概念・定義について様々な主張を展開している。たとえばクリージ(2016)は、現代のみならず歴史上のものも含め、ポピュリズムは次の三つの形態に分類できるとする。[6]

①イデオロギーとしてのポピュリズム
世の中を「純粋な人民」と「腐敗したエリート」に分類し、「人民の総意による主権」を主張する思想。一九世紀米国のポピュリズムが有名である。
②政治戦略としてのポピュリズム

カリスマ性の強い指導者が大衆に直接訴えかけることで、政治権力を行使しようとする行為。南米各国のポピュリスト政権が典型例である。

③コミュニケーション・スタイルとしてのポピュリズム
　演説やメディアを通じて大衆と直接接する政治手法。この③は各国で散見される。

そしてミュデ／カルトワッセル（2018）は、これまでポピュリズムの定義にはいくつかのパターンがあり、完全な統一はなされていないが、この一〇年で増えてきた定義として「理念的アプローチ」があるという。これは、現在、欧米で台頭するポピュリズムを分析する際の政治現象の核心部分を把握するのに有効で、それは、ポピュリズムを、「社会が究極的に『汚れなき人民』対『腐敗したエリート』という敵対する二つの同質的な陣営に分かれると考え、政治とは人民の一般意志の表現であるべきだと論じる、中心の薄弱なイデオロギー[7]」と定義するものである。

大衆側に立つ反エリート・反既成政治を核心部分とする「薄弱なイデオロギー」なので、ナショナリズムなど他のイデオロギーのほか右派または左派イデオロギーと容易に一緒になる傾向がある。そして、ポピュリズムと正反対にあるのが、エリート主義と多元主義であるという[8]。ところでミュラー（2017）は、このようにポピュリズムは反多元主義、反エリートなので、ポピュリストは、自分たちが、それも自分たちだけが、人民を代表すると主張すると指摘し、ポピュリズムの持つ独裁化の傾向を危惧している（ミュラー 2017：27）。また先ほどのミュデは、前述のように理念的にポピュリズムを理解する方が、ポピュリズム発生の要因やポピュリズム対策の分析・

考察がしやすいという（第6章2参照）。

ちなみに、小泉劇場を含めポピュリズム的首長など、これまでの日本のポピュリズム現象をみても、既得権益批判すなわち「腐敗したエリート」批判が核心部分であることが多く、前述のミュデの定義の核心要素とも共通性があることが分かる。

ここまで述べたことを短くまとめると、様々な定義があるポピュリズムの定義の仕方については、色々あるからこそ、その核心部分に焦点を絞ると、「汚れなき人民」対「腐敗したエリート」という構図のシンプルな考えがあり、これは前述の大嶽指摘の「善玉悪玉二元論」や既得権益批判と相通じ、この反エリート・反既成政治の核心部分に、様々な政策・イデオロギーや政治スタイルが同居しているといえる。すなわち、このシンプルな核心部分を満たしながら左派ポピュリズムとか、右派ポピュリズムとか、さらに新自由主義的ポピュリズムというようにもなり得るし、一般の人々の側に立って敵と戦う政治スタイルもあり得る。そういう意味では、筆者の劇場型首長すなわち「劇場型ポピュリズム」（有馬2017a：13）もあり得るということである。

ちなみに、政治学でのポピュリズム理解をみてきたが、政治学でポピュリズムをどう定義するかということは、ある政治現象をポピュリズムかどうか判断する基準になる。すなわち「分析概念」となるので、マスメディアで、「ポピュリズム」といわれていなくても、後に「ポピュリズム」といわれることがある。

3　海外と日本のポピュリズム

日本のマスメディアでの海外ポピュリズムの登場

ここでは、日本のマスメディアで登場する「ポピュリズム」という用語から、海外と日本のポピュリズムを振り返りたい。

実は、日本のマスメディアでは、「ポピュリズム」より「ポピュリスト」という用語が、先に登場している。ジャーナリストの国末憲人（くにすえのりと）によると、ポピュリストという用語が我が国マスメディアで最初に登場したのは、一九八八年八月二日の週刊誌「アエラ」（八八年創刊）に掲載された筑紫哲也のアメリカ大統領選報告の記事で、「過去二代のアメリカ大統領、カーターとレーガンは、政府の官僚主義と議会に対するポピュリスト（人民主義者）的批判者としてワシントン入りした。これが議会とホワイトハウスの関係をきわめて難しくした。」という記述である。「人民」という言葉に、まだ左翼が元気だった東西冷戦時代の香りが残っているという（国末2016：9）。ちなみにアメリカでは、一九世紀末のポピュリスト党の影響があるのか、ポピュリストという言葉に否定的な意味は薄いとされる。

一九八〇年代のポピュリズムに関する新聞記事は、南米と北米（アメリカ）に言及したものが多いとされるが（木村正人2006：100）、この例もやはりアメリカ大統領選に関わるものである。そこで、毎日新聞（東京本社朝刊）データベースを用いて「ポピュリスト」と「ポピュリズム」という用語が入った記事の件数を調べてみると、後掲の図表序―一・二のとおりである。八八年に、まず「ポピュリスト」という用語が初めて登場し、八八年が最初という前述の国末指摘と同じである。毎日新聞で「ポピュリスト」という用語が初めて登場したのは、八八年三月一〇日のアメリカ大統領選の予備選で左派が強くなっていることを伝える記事である。その中で、ニューヨーク・タイムズのサファイア記者の発言で「民主党は左のジャクソン、リベラル派デュカキスにひきずられ、ゴアは保守派からポピュリストに衣替え」という記述である。

そして、「ポピュリズム」という用語は九〇年代に入って登場する。その後は、「ポピュリスト」より「ポピュリズム」という用語の登場頻度が常に圧倒的に多いという状況である。毎日新聞で、ポピュリズムという用語が初めて登場したのは、一九九二年二月二日の記事で、ロシアのサハリン州の知事が日露の石油開発に反対したことに対し、ロシア政府の石油開発関連の委員が「知事は州民の人気をとるため、ポピュリズム（大衆迎合主義）に走っており（以下略）」と批判したという記述である。

そして中村啓三（毎日新聞・編集委員）は、一九九四年時点で、ポピュリズムという言葉がヨーロッパでは相変わらず盛んに使われているが、使う人によって意味合いが少しずつ違うし日本語訳の定訳もないとし、「「大衆主義」と訳しても「大衆の反乱」と訳しても、元のニュアンスと少しずれてしまう。一般には、大衆が組織化されないまま、何らかの政治意思を表明するうねりを指す言葉だ」として、一九九四年三月のイタリアでのベルルスコーニ率いるフォルツァ・イタリアなど右翼政党躍進もポピュリズムで説明がつくと解説していた（毎日新聞一九九四年八月四日）。

このように一九九〇年代前半は、ポピュリズムについて、どういう政治現象かという理解は、日本のマスメディアでは、まだ定まっていなかったといえる。その後、前述したように日本政治でポピュリズムという用語を使うようになり、九〇年代後半、「大衆迎合主義」という理解が定着することになる。

日本と海外のポピュリズムの推移——マスメディアからみる

ここでは、マスメディアでの「ポピュリズム」という用語の登場件数の推移をみることにより、日本と海外のポピュリズム現象を振り返ってみたい。たとえば、図表序—二のように具体的に登場件数をみると、マスメディアでの登場頻度が実感として分かる。

「ポピュリスト」または「ポピュリズム」という用語が入った記事（毎日新聞：東京本社朝刊）をみると、登場件数の合計は、一九九四年までは年一〇件を大きく下回り、ポピュリズムの内訳でみると、ほとんどが海外の事例であるが、九五年後は日本での事例が多くなっている。九五年に日本政治で初めてポピュリズムだといわれた青島幸男東京都知事、横山ノック大阪府知事が登場するが、九五年から九九年までは年約一〇件で、次の二〇〇〇～〇三年には二〇～三〇件と増える。九七年（一二件）は国会でのポピュリズム論争がおきたときであるし、急増した〇〇～〇三年は日本最初の本格的なポピュリズム政権ともいえる小泉政権と重なり、石原慎太郎都知事や

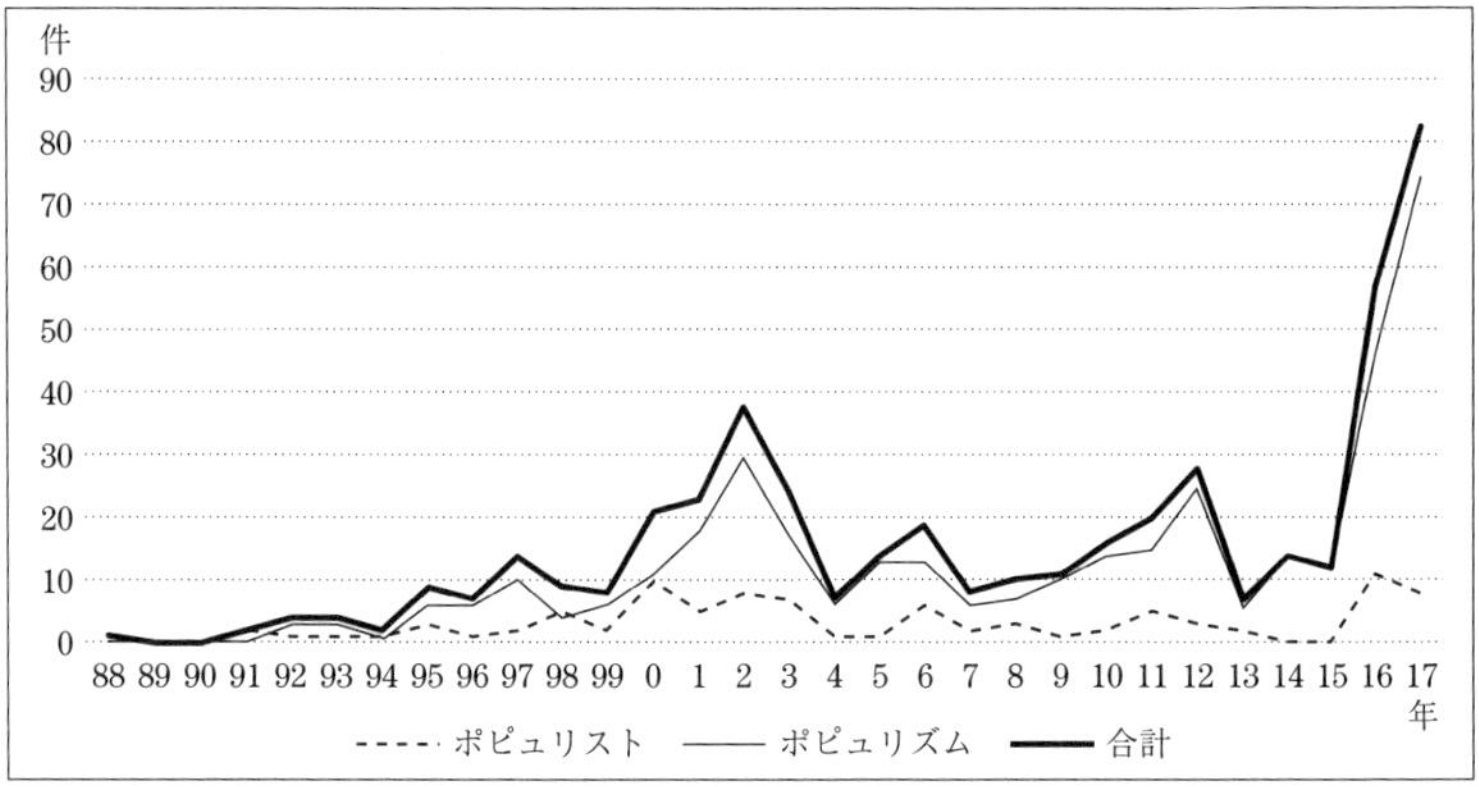

図表序－1　「ポピュリスト」「ポピュリズム」という用語の入った新聞記事の登場頻度
（注）毎日新聞（東京本社朝刊）における「ポピュリスト」と「ポピュリズム」という用語の入った記事の登場頻度。

田中康夫長野県知事のポピュリズム的首長も登場している。

その後いったん登場頻度は減少し〇四〜一〇年は一〇〜一九件ぐらいで、その間、〇九年（一二件）に自民からポピュリズムと批判される民主党への政権交代がおきている（翌年の一〇年は一六件に増）。なお小泉政権については、〇四、〇五年は、ポピュリズムというよりは「小泉劇場」という名称がよく使われていた。そして、橋下徹(はしもととおる)大阪府知事による大阪ダブル選や国政政党「維新」が躍進する一一、一二年は、二〇、二八件と多くなって、そのあと、すぐ少なくなり、一五年までは一〇件ほどである。

二〇〇〇年から二〇一五年までは、平均しても年一六件ほどで、どちらかといえば国内の記事が多い。年一〇〜二〇件の登場といえば、ポピュリストやポピュリズムという用語が入った記事が、月一回か二回登場するかどうかである。このように、二〇一五年までは、ポピュリズムという言葉がマスメディア

年	88	89	90	91	92	93	94	95	96	97	98
ポピュリスト	1	−	1	2	1	1	1	3	1	2	5
ポピュリズム	−	−	−	−	3	3	1	6	6	10	4
海外	−	−	−	−	3	2	1	3	4	2	0
国内	−	−	−	−	−	1	−	3	2	8	4
計	1	−	1	2	4	4	2	9	7	12	9
年	99	00	01	02	03	04	05	06	07	08	09
ポピュリスト	2	10	5	8	7	1	1	6	2	3	1
ポピュリズム	6	11	18	30	17	6	13	13	6	7	11
海外	1	1	1	6	2	1	5	2	1	0	2
国内	5	10	17	24	15	5	8	11	5	7	9
計	8	21	23	38	24	7	14	19	8	10	12
年	10	11	12	13	14	15	16	17	18	19	20
ポピュリスト	2	5	3	2	−	−	11	8	10	10	9
ポピュリズム	14	15	25	5	14	12	46	74	78	68	19
海外	1	1	8	1	7	7	33	47	62	53	15
国内	13	14	17	4	7	5	13	27	16	15	4
計	16	20	28	7	14	12	57	82	88	78	28

図表序−２　「ポピュリスト」「ポピュリズム」用語の入った新聞記事の登場頻度（件数）
（注）毎日新聞（東京本社朝刊）における「ポピュリスト」「ポピュリズム」という用語の入った記事の件数。

に登場するのは稀なことで、それも国内に関する記事が多かった。

　しかし二〇一六年以降は急増している。これは、二〇一五年のシリア内戦による大量の難民・移民流入を契機とする欧州諸国での右派ポピュリズム政党の台頭、そして、二〇一六年六月のイギリスにおける国民投票によるＥＵ離脱の決定、さらに二〇一七年一月のアメリカでのトランプ大統領就任、また一七年五月のフランス大統領選での急進右派ポピュリズム政党「国民戦線」のルペン躍進などが要因である。

　二〇一六年をみると五七件で、しかも海外の記事が増え、これは、イギリスのＥＵ離脱の国民投票とトランプ躍進が主な原因と分かる。一七年も八二件と明らかに多く、やはり海外に関する記事が多いことから、トランプ大統領の登場以外に一七年五月のフランス大統領選での「国民戦線」の党首ルペンの躍進など、欧州でのポピュリズム台頭も原因といえる。この一六、一七年は一週間に一～二回は登場する頻度である。そして、一八年は八八件、一九年は七八件で、これは同じく海外の記事が特に多く、欧州でのポピュリズム台頭が引き続き反映している（ただ二〇年は二八件と少なくなっているが、新型コロナウィルスに関する報道が多かったからと推測される）。

このように、今やポピュリズムという言葉は、新聞で頻繁に登場する用語になり日常的に聞く言葉となった。この原因は、前述したとおり、トランプの登場に加えヨーロッパでのポピュリズムの台頭である。つまり、この数年間で、日本のマスメディアにおいてポピュリズムという用語がひんぱんに登場し一般的な言葉になったことが分かる。

4　ポピュリズムへの警鐘――デモクラシー論からの視点

ポピュリズムは民主主義か？

日本においても新型コロナ禍で非正規を中心に、いわゆる「コロナ失業」がみられたが、アフターコロナにおける社会経済が厳しければ、新たな所得格差が生じて、既存政治への異議申し立て現象であるポピュリズムが伸長する可能性がある（第5章6参照）。これについては、本書の

「第Ⅱ部」や「第Ⅲ部」で詳しくみるが、ここでは、デモクラシー論からポピュリズムは民主主義かという根本的問題と、そのほかの問題点を若干みてみたい。では、まず「民主主義とは何か?」、そして「政治とは何か?」を考えてみたい。

民主主義の起源は古代ギリシャであり、その頃、統治形態については、王政（君主政）、貴族政、民主政（民主主義）の三つに大別できたという。この分類は、単純に「意思決定者の数」が基準ともいえ、民主主義つまりデモクラシーとは、「多くの人々が統治に参加する統治形態」である。ルソーが言うには「選挙による貴族政」であり、ミルは、これを「代議制民主政治」と呼んだ[9]。

一方、政治については様々な定義があるが、宇野重規が、政治の本来の意義を、社会の多様な声をまとめていく営み、すなわち「多様性の統合」であると指摘[10]するように、筆者も政治について、「政治は人々の利害や価値（思想）の調整」（有馬2011：2）ととらえている。つまり具体的にいえば、社会は多くの人々から成り立っており、一人ひとり利害や価値感が違うので、その意見も違う。意見を調整して社会を営んでいくのが政治と考えている。これは、先ほどの「多くの人々が統治に参加」する民主主義と重なってくる。そして、現在の普通選挙による大衆民主主義の場合は、多くの人々の意見を、ときの政府の政策に反映するための仕組みとして、国民が国会に選挙で代表を送り込み、その代表が国民になりかわって社会の物事を決めるという仕組みである「代議制民主主義」を採用している国が多い。以上、民主主義と政治を考えてみたが、次に、政治学における現代のデモクラシー論からポピュリズムの問題点を考えてみたい。

デモクラシー論には、先ほどの筆者の政治の定義「人々の利害や価値（思想）の調整」と同じような、政党や各種団体が議会を中心に様々な場面で交渉し影響を発揮し、かつ妥協して合意に至るという「多元的民主主義論」がある。そして、選挙や議会での意思決定は、議論を経た上で、最終的に「多数決」によることになる。ちなみに、この「多元主義」に、少数者の意見尊重や言論の自由など「人権保障」を伴うものが「リベラル・デモクラシー（自由民主主義）」である。これは、現在の我が国の日本国憲法の立憲主義と同じ考えである。[11]

山本圭（2012）は、近代デモクラシーには二つの説明（解釈）、すなわち「立憲主義的解釈」と「ポピュリズム的解釈」があるとする。立憲主義的解釈とは、前述したリベラル・デモクラシーで、法の支配、個人的自由の尊重、議会制などを通じた権力抑制を重視する立場であり、「自由主義」的な解釈といえる。他方、ポピュリズム的解釈とは、人民の意思の実現を重視するため、統治者と被統治者との一致、直接民主主義の導入など、「民主主義」的要素を前面に出す立場である。どちらを重視するかでポピュリズムの評価は変わる。前者が優位に立ち、後者がないがしろにされると、大衆において政治からの疎外感が高まりポピュリズムが登場するという。[12]

こうみると、ポピュリズムは民主主義を否定するとは一概に言えなくなる。多くの人々すなわち民意の反映の根拠を人民主権（国民主権）に求める民主主義であれば、ポピュリズムは人民の意思について統治者と被統治者が一致するのを前提にするので、民主主義に反しないものである。より分かりやすく言えば、ポピュリズムが大衆迎合主義と訳されるように「迎合」という水準まで政治や政策に民意を反映しようとするポピュリズムは、レベルの高い民主主義といえ、むしろ理想的な民主主義といえるかもしれない。ただ現実は、「人民の意思」が色々あるので、すなわち人民は多くの人々からなり多様であるのが実態なので、「多元的民主主義」という考えと、さらに多数支配の弊害をなくすため、少数意見の尊重などリベラル・デモクラシーの考えが出てくると理解すべきと考えられる。

ちなみに、ミルは、少数意見の尊重を強調する理由は、もしその少数意見が真理だったら、取り返しのつかない損失になるからであり、仮に少数意見が間違っていても、その批判を受け止めることがなければ、多数意見は硬直化し教条化する恐れがあるからだという[13]。

ところで、無党派層の増加が示すように、政党を含む各種団体が人々の多様な声を代弁しているという多元主義の前提がなくなりつつあるのが現実である。現代社会は、個人のパーソナル化が進み、人々は政党のほか労働組合、農協など中間団体などに所属していない人も多くなった。そのため、自分達の意見が政治に届かないと思う人が多くなっている。これらが、現在の政治の抱える大きな問題点であり、政治に不満を持つ人々によるポピュリズム発生の原因でもある。

ポピュリズムの危険性――反多元主義と独裁化の恐れ

ポピュリズムは、議会に送り込んだ代表が自分たちの意見を反映していないと主張するわけであるが、ミュデとカルトワッセルは、ポピュリズムは、政治をより民主化する働きがあるとしている[14]。すなわちポピュリズムは、自分の意見が政治に反映されていないと感じる人々による、ある種の反乱であるため、既存政治が、このような人々の意見を反映しようと、より民主的に変革される契機になるという。他方、ミュラーのように、ポピュリズムは反多元主義で、自分らの反対派は民意を反映せず自分らのみが真の人民の民意を反映しているとする考えは、言い換えれば独裁的であるので、民主化を促進する面を強調するのは危険であるという強い主張がある。[15]この場合、ポピュリズム勢力を既存政治に取り入れることは民主主義を危機に陥れることになる。

たとえば、現在の政治は人民の意見を反映していないと主張するポピュリストが、もし政権を取ると、少数意見の尊重や言論の自由など人権保障を伴う権力抑制的な「リベラル・デモクラシー」を否定し、人民の意思を反映するためと称して、すなわち暴走して民主主義の諸制度を改善（むしろ改悪）して独裁に陥る可能性がある。実際、このような国が現れており（たとえばハンガリー、ポーランド）、これが、ポピュリズムの持つ重大かつ深刻な問題点である。

以上、前述の反多元主義という問題点と独裁化の恐れがあるポピュリズムに対して、どう対応するかについては、本書「第Ⅲ部」で詳しく論じる。すなわち、現在または将来のポピュリズム台頭に、我々は、どう対峙すべきかが本書の大きなテーマである。

注

（1）以上の青島都政は、佐々木2011：48-50、青山2020：96,102-107。

（2）ただ、その後、すなわち九七年一一月に山一証券、北海道拓殖銀行の破綻によって始まる未曾有の経済危機に対して、自民党は公共事業による財政出動に舵を切ることになる（大嶽2003：26）。

（3）この「バラマキ批判」は、自民党公認だった鈴木俊一知事が、一九七九年都知事選で老人福祉手当を「ばらまき福祉」として批判したことがきっかけとされる（青山2020：81）。

（4）佐道2012：197。民主党の結党時の政策は、その理念も含め、薬師寺2014：128-130が詳しい。

（5）ミュラー2017：12。

（6）国末2016：74（Kriesi2016）。
（7）ミュデ／カルトワッセル2018：14。カス・ミュデは、オランダ出身の政治学者であって、これまでのポピュリズム論を集大成した『オックスフォード版・ポピュリズム研究ハンドブック（The Oxford Handbook of Populism）』（2017）で、この理念的アプローチ（An Ideational Approach）のポピュリズム概念を提示している。
（8）ミュデ／カルトワッセル2018：16-17。
（9）薬師院2017：35,37,38,40。宇野2020：74。
（10）宇野重規の寄稿「日本政治にも分極化の兆し」（朝日新聞二〇一七年一〇月二四日）
（11）久米他2011：373,375。庄司2018：33,34参照。
（12）水島2016：16-17（山本圭2012）
（13）宇野2020：247。
（14）ミュデ／カルトワッセル2018：35。
（15）ミュラー2017：27。むしろミュラーは反多元主義のポピュリズム（自分たちのみが人民を真に代表）がポピュリズムであって反多元主義の要素がなく反エリートのみのポピュリズムは、ポピュリズムでないという（ミュラー2017：120,123）。ということは、本書のポピュリズムとするのは、ミュラーのポピュリズムより広い定義といえる。

I　日本のポピュリズム

第1章
平成のポピュリズム現象

日本でのポピュリズムは、平成になって主に自治体レベルで登場している。そこで、本章では、平成の政治経済を振り返りながら、ポピュリズム的首長を詳しくみてみたい。なお、この平成の時代は、地方政治でも地方分権改革や「平成の大合併」など大きな制度改革が取り組まれた。この点もみながら、改革派首長やポピュリズム的首長が登場する背景も考えてみたい。

1　平成三〇年間の政治経済状況

政治改革と小泉政権――平成の前半（八九～〇五年）

ここでは、まず改革派首長やポピュリズム的首長が登場した平成の三〇年間を振り返ってみたい。昭和六四年に入り昭和天皇の崩御によって、平成は一月八日に始まる。この平成元年すなわち一九八九年の世界最大の出来事とは、一一月のベルリンの壁の崩壊と一二月の米ソ首脳によるマルタ会談での冷戦終結だった。その二年後の九一年一二月にはソビエト連邦が消滅する。だが、平和が訪れるという当初の期待は裏切られ、平成の三〇年間、地域紛争が勃発して世界は動揺し続けた。

一方、日本をみると、その経済は、平成が始まった八九年、バブルの頂点にあり、年末、日経平均株価は三万八九一五円という史上最高値をつけていた。その年、国政では自民党の竹下内閣は念願の新税である消費税（三％）を四月に導入したが、多くの政治家を巻き込む戦後最大の疑獄「リクルート事件」（八八年六月発覚）の広がりもあって八九年六月には竹下内閣は退陣する。年を明けた九〇年、株価は下げ始め地価もやがて下がり、九一年に入ると、バブル経済はあっけなく崩壊する。

平成初めの一〇年間の経済面の課題は、バブル経済崩壊後の日本経済をいかに立て直すかであった。「失われた一〇年」といわれたように日本経済は長期間にわたって低迷し、政府は公共事業などで景気回復を図ったが、それほど効果がなかった。景気低迷の根本的な原因は、銀行のバブル時の多額の不良債権の処理が進まなかったことといえる。さらに、リクルート事件など「政治とカネ」の問題について、国民の信頼をいかに回復するかという政治改革が政治面の大きな課題となった。

この政治改革が政局になり自民分裂もあって、ついに九三年八月、非自民連立の細川内閣が誕生する。これは、約四〇年も続いた自民長期政権すなわち五五年体制の終わりを意味した。細川内閣は、政治改革として、政党交付金を導入して「政治とカネ」問題をクリーンにするとともに、政権交代を可能にするため衆院選に中選挙区の代わりに小選挙区比例代表並立制（小選挙区を中心に比例を組み合わせる選挙制度）を導入する。この改革は、政党中心の政治へと、後に日本政治を大きく変えることになる（現在の日本政治は第4章参照）。

短命に終わった細川政権のあと非自民の羽田内閣を経て、九四年六月、それまで激しく対決していた社会党と自民党それに「さきがけ」を加えた驚きの連立政権といえる社会・村山内閣が誕生する。だが九五年、阪神・淡路大震災、オウム真理教による地下鉄サリン事件がおき、短命に終わることになる。九六年一月、自社さ連立による自民・橋本内閣が誕生する。自民主導の政権である橋本内閣は行財政改革に取り組み、九七年には消費税を五％に引き上げる。しかし九七年一一月、北海道拓殖銀行、山一証券などが次々と破綻する金融危機がおきて、その後、九八年七月の参院選で大敗し、橋本内閣は総辞職することになる。

一方、非自民の政党は、長期にわたって離合集散を繰り返しながら、ようやく民主党（九六年結党）に集約され始め、小沢一郎率いる新進党の解党（九七年）を経て九〇年代末、自民党、民主党の二大政党の姿が整うことになった。ただ政党の離合集散は、国民の政党・政治不信を招き、無党派層が増加する。

このような中、二〇〇一年四月、日本初の本格的なポピュリズム政権といえる自民・小泉政権（〇一年四月〜〇六年九月）が誕生する。小泉は自民でありながら「自民党をぶっ壊す」と発言し、各種分野で規制緩和などの構造改革を進めたほか、銀行への積極的な公的資金投入によって〇三年に不良債権処理問題が峠を越える。その後、日本経済は比較的好調な成長を続けることになる。

民主党政権そして安倍長期政権――平成の後半（〇六～一九年）

小泉政権（～〇六年九月）のあとは、自民の短命政権が続いたが、経済面をみると、米証券会社の経営破綻、すなわちリーマン・ショックがおきた〇八年までは、景気は良く景気拡張は戦後最長を記録した。リーマン・ショックのあとは、一転、日本そして世界は景気低迷に陥る。

二〇〇九年九月、年金記録が正確でないという「消えた年金記録」問題も追い風になって、自民党から民主党への政権交代がおきる。九四年の政治改革の小選挙区導入後の初めての政権交代だった。しかし、この民主党政権下で、景気は回復せず、また戦後最大の災害・事故といえる東日本大震災、福島原発事故がおき、民主党の政権運営能力への失望感が一気に国民に広まる。そして一二年一二月、自民党が政権奪取に成功し第二次安倍政権がスタートする。

第二次安倍政権は、大胆な金融緩和を伴うアベノミクスという経済政策を打ち出し、円安効果による輸出企業の好調さもあって景気に明るさが見え始め、「安倍一強」とか「一強多弱」と呼ばれる長期政権になっていった。一四年四月には消費税を八％に引き上げ、その五年後、天皇の生前退位によって、二〇一九年すなわち平成三一年五月一日に新元号「令和」になり平成は終了することになる。ちなみに、安倍首相はタカ派であり自民はタカ派一色になった感がある。平成最初の頃の竹下首相がハト派で、それまで自民党内でハト派とタカ派の疑似「政権交代」をしていた頃と今の自民党は様変わりといえる。(1)

平成の後半をみると、九四年の政治改革の成果としての政権交代による民主党政権の実現、そ

年（平成）	出　来　事
1989（元年）	年号「平成」スタート（1月8日）、竹下内閣が消費税3%導入（4月）
93（5年）	非自民・非共産の細川連立政権発足し「55年体制」終わる（8月）
94（6年）	自民党が社会党と連立し政権復帰し、社会・村山内閣発足（6月）
95（7年）	阪神・淡路大震災（1月）、地下鉄サリン事件（3月）
96（8年）	小選挙区比例代表並立制で初の衆院選（10月）
97（9年）	橋本内閣が消費税率5%に（4月）、北海道拓殖銀行が都銀初の経営破綻（11月） 山一証券自主廃業決定（11月）
99（11年）	平成の大合併スタート（～2010年頃まで）
2000（12年）	地方分権一括法施行（4月）
01（13年）	小泉政権発足（4月）、アメリカ同時多発テロ（9月）
05（17年）	小泉首相が郵政解散総選挙（9月）
08（20年）	リーマン・ショック（9月）
09（21年）	衆院選で自民党が歴史的惨敗し民主党の政権交代実現（9月）。
11（23年）	東日本大震災・福島原発事故（3月）
12（24年）	自民党が衆院選圧勝で政権奪還・第2次安倍政権発足（12月）
14（26年）	消費税8%に（4月）
18（30年）	安倍首相が自民党総裁三選（9月）
19（31年）	新年号「令和」に（5月1日）、消費税10%に（10月）

図表1－1　平成の政治経済の年表
（注）薬師寺2014:17-26関連年表、宮崎日日新聞2019年4月4日の年表等参照。

の後の自民・安倍長期政権の「一強多弱」状態が特色といえる。また平成の三〇年間を振り返ると、政治、経済ともに「改革の時代」だった。さらに、阪神・淡路大震災、東日本大震災など大きな災害が起き、日本は今後、南海トラフや東京直下型地震など、いつ大きな災害が起きてもおかしくない状態である。

経済面では、近年、中国が台頭するとともにグローバル化が一層進んでいる。このため、日本経済の世界における地位は相対的に低下しているといえる。また少子高齢化も進行し、ついに一五年、人口が減少に転じ、本格的な人口減少時代に入った。このような中、二〇二〇年に新型コロナウイルス感染が急速に拡大し、日本も含め世界全体が先行き不透明な時代となっている。

2　九〇年代の改革派首長

九〇年代の国政と地方政治

ここでは、改革派首長が次々と登場する九〇年代の国政と地方政治の状況をみてみたい。前述したとおり平成は一九八九年一月八日から始まり、九一年一二月にはソ連が崩壊する。これは、日本政治でも思想の対立という軸を失うことを意味した。

それを反映するかのように、国政では五五年体制後の初の政権交代がおきる。一九九三年八月に成立した非自民・非共産の連立政権の細川護熙政権（〜九四年四月）は、初の知事出身総理という点でも画期的であり、地方分権を規制緩和と並ぶ行政改革の二本柱とした。ちなみに、細川は前熊本県知事で、熊本藩細川家出身と家柄もよく日本新党を立ち上げて改革派としても有名だった。そして九四年には、この細川政権下で政治改革として衆議院に小選挙区・比例代表並立制の導入が決まる。この九四年の政治改革後、非自民政党の離合集散が続いたこともあって、国民に既成政党・政治不信が広まるとともに支持政党なしの無党派層が増加する。

自治体レベルをみると、二〇〇〇年の地方分権一括法施行を見据え九〇年代後半から地方分権化の時代になる。この地方分権は自治体の主体的運営を目指す改革だったため、改革機運の高まりという面で、地方に与えた影響は大きかった。これが改革的な首長の登場を促すとともに、前述した無党派層の増加によって、既成政党の公認・推薦を受けない無党派首長も登場し始める。

　知事についてみると、九一年に高知県に橋本大二郎知事（九一～〇七年）、九五年に東京都で青島幸男知事（九五～九九年）、大阪府では横山ノック知事（九五～九九年）が、政党の推薦などを受けることなく政党推薦候補を破って当選した。これは、橋本知事がNHKのニュースキャスター、青島知事が元放送作家、横山知事が元漫才師と、いわゆるタレント知事だったこともあって、全国的に大きく注目された。また、前述（序章1）のとおり青島都知事、横山府知事の当選は「無党派の反乱」と呼ばれ、「テレビ型ポピュリズム」（細川元首相の発言）と呼ばれることもあった。

　さらに官僚出身の浅野史郎宮城県知事（九三～〇五年）、作家出身のベテラン国会議員だった石原慎太郎東京都知事（九九～一二年）、作家の田中康夫長野県知事（〇〇～〇六年）などが無党派として当選し改革派と呼ばれた。また政党公認や推薦、支持を受けても、その新しい行政・政治手法によって改革派と呼ばれる知事が登場する。たとえば北川正恭三重県知事（九五～〇三年）、増田寛也岩手県知事（九五～〇七年）、片山善博鳥取県知事（九九～〇七年）、松沢成文神奈川県知事（〇三～一一年）などで、北川・松沢は国会議員出身、増田・片山は官僚出身だった。(2)

改革派首長の特色

　ここで少し、最初の改革派知事ともいえる橋本大二郎知事の高知県政（九一年一二月～〇七年一二月）をみてみたい。橋本は後に首相になる橋本龍太郎の弟で、ＮＨＫのニュースキャスターとして全国的にも知名度が高く、市民グループなどの出馬要請を受け、九一年、前知事の後継者である自民公認の候補者を破り当選する。就任後は、しがらみのなさを武器に新たな政策を打ち出す。県庁職員が国の役人を接待する「官官接待」を廃止したり知事交際費を公開したほか、森林環境税の創設、公設民営の高知工科大学を新設するなど、新しい政治スタイルや前例にとらわれない政策は、のちに登場する改革派知事の県政運営に大きな影響を与えた(3)。

このような改革派首長について、山口二郎は、「バブル経済崩壊後、国主導の地域開発や経済振興策が失敗を重ねる中で、地方の総意工夫による政策作りが必要となると、一九九〇年代に各地で登場した新しいタイプの知事、市町村長」だとし、「選挙基盤において政党や有力な団体に縛られず、政治手法において情報公開を徹底して旧来の行政における矛盾や無駄を暴露した上で、改革を目指すという共通点を持っている」（「知恵蔵」二〇一四年版）と指摘している。

また岩井奉信(ともあき)は、改革派首長は、高度経済成長期（五五〜七三年）の革新首長に比べ単に党派的なイデオロギー色が薄まっただけでなく、独自の政策や政治手法で中央に反旗を翻し、地方の主体的な自治を目指したという（岩井2011：236）。

以上のような特色を持つ改革派首長について、筆者は「市民・民間感覚の新たな政策や政治・行政手法を積極的に導入しようとする首長」（有馬2017a：103）と定義していた。では、このような改革派首長の登場する地方政治の状況は、どのようなものであろうか。先ほど述べた地方分権の進展に伴う改革機運の高まりのほか、厳しい財政状況と長期の景気低迷もあって、政治・行政の分野に対して改革を求める住民が増加したからといえよう。そして、無党派層の増加と既成政党・政治への不信を背景に登場するのが、後ほどみるポピュリズム的首長といえる。

3　小泉劇場――日本初の本格的なポピュリズム政権

小泉政権の全体像とその特色

先ほどみた九〇年代に登場し始めた改革派首長の次に、我が国初の本格的なポピュリズム政権が二〇〇〇年に入り登場することになる。それは、今でも多くの国民の記憶に残る小泉政権（〇一年四月〜〇六年九月）で、「小泉劇場」とも呼ばれた。しかし、このポピュリズムは国民の痛みを伴う改革を行ったことから、それまで理解されていた「大衆迎合主義」という「大衆迎合的な無責任な政治」とは違うものであった。以下、小泉政権を詳しくみてみたい。

二〇〇一年二月、愛媛県の水産高校の実習船がハワイ沖で沈没するという事故のとき、たまたまゴルフ中で迅速な対応をしなかったとして、森首相はマスコミの批判を受け支持率が急落し辞任に追い込まれる。森の後任の自民党総裁の選挙に、小泉のほか橋本龍太郎、麻生太郎、亀井静香が立候補し、当初から、強力な経世会（けいせいかい）（橋本派）が押す橋本が本命視されていた。ところが全国遊説で、小泉の「自民党をぶっ壊す」という刺激的な発言が、国民に熱狂的に迎えられる。小泉に「変人」というあだ名をつけた田中真紀子の応援も女性などの支持を集め、結局、一般党員による地方予備選で一位となった小泉が国会議員での選挙でも地滑り的勝利を勝ち取ることになる。

小泉首相は、「自民党をぶっ壊す」という過激な発言が国民の拍手喝采をあび、二〇〇一年四月の就任直後の支持率が八〇％を超える人気を誇った。小泉首相の政策としては「構造改革」が有名である。構造改革とは、小泉首相が推し進めた経済改革全般の名称で、「官から民に、民間にできることは民間に」を合言葉に、郵政三事業や道路公団を民営化したり公共事業を削減したりして「小さな政府」を目指し、民間企業が活動しやすくなる規制緩和などにも力を入れた。構造改革とは、競争を促進するために規制緩和を進める新自由主義的な政策であった。また、小泉首相は、「善悪二元論」、「ワンフレーズ・ポリティックス」（一言政治）などテレビの特性を熟知した劇場型政治を駆使し高い内閣支持率を維持した。ある意味、国民の痛みの伴う構造改革を、劇場型政治で高い支持率を維持し乗り切ったともいえる。

なお、外交に関しては、〇一年九月のアメリカの同時多発テロもあったため、重要問題が多かった。〇二年九月の突然の北朝鮮訪問は多くの国民を驚かせたほか、自衛隊のイラク派遣など、これまでなかったことも行われた。日米関係は良好だったが、小泉首相は靖国参拝を行うなどして中国・韓国との関係は悪化した。

ここで、小泉首相の内閣支持率と報道との関係をみてみたい。〇一年四月、就任直後、内閣支持率は八〇％を超え歴代内閣の最高となった。小泉首相がオペラに行くことを取り上げるなど、当時、テレビのワイドショーや週刊誌も小泉首相を新しいタイプの政治家と強調して報道したのが高支持率の原因でもある。しかし〇二年一月、田中真紀子外務大臣が外務省の官僚と上手くいかず、その更迭問題が起きると小泉バッシングが始まる。同年三月には、支持率は四五％と急速に下がる。ところが同年九月に、小泉首相が拉致被害者救済のため突然、北朝鮮を訪問すると、支持率は約六〇％まで回復する。その後の状況をみると、経済政策が行き詰まっていると報道されれば支持率は下がり、既成勢力との対決姿勢を鮮明にすると支持率が上がるなどした。そして、〇五年九月、小泉首相が特に力を入れていた郵政民営化を問う郵政解散総選挙の勝利によって、自民党に圧勝をもたらした首相として高い支持率のまま〇六年九月、小泉は辞めていくことになる。(4)

ポピュリズムとしての小泉劇場

小泉劇場のポピュリズムを分析したものとしては、すでに紹介（序章2）した大嶽秀夫が有名である。小泉は、金融機関の不良債権処理や公共事業の削減、「構造改革」に伴う倒産や失業などの「痛み」を、国民に甘受してもらわなければと訴えたが、それを「大衆迎合」のポピュリズムでなく、既得権益・抵抗勢力と闘うという「劇的」なものにして実現したといえる。すなわち、小泉のポピュリズム政治の特徴は、「善玉悪玉二元論」を基礎に、政治家や官僚を政治・行政から「甘い汁」を吸う「悪玉」として、自らを一般国民を代表する「善玉」として描き、勧善懲悪的ドラマとして演出するもので、政治を利害の対立調整の過程としてイメージしていないことでムの核心部分「『汚れなき人民』対『腐敗したエリート』」（序章2）に該当するといえる。

また村上弘は、小泉首相は郵政事業の民営化が日本を救うと訴えて有権者に大いにアピールし、〇五年九月の郵政解散総選挙で大勝したが、このときのアピール方法が、郵政民営化の内容とその効果の説明よりも、むしろ反対する政治家や関係者を「既得権益」と決めつけて攻撃する政治手法だったことに注目する（村上2018：161）。小泉首相は、「抵抗勢力」である同党の一部議員の選挙区に「刺客」として新候補を擁立し、これは「劇場型政治」とも呼ばれた。結局、多くの国民にとって、小泉政権で最も記憶に残っているのは、敵を設定してメディアの前で闘うというポピュリズム的手法といえる。

ところで、「劇場型政治」という用語は小泉政権の頃からよく使われ始めた。小泉首相の「自民党をぶっ壊す」とか「抵抗勢力」という言葉、刺客候補を立てた郵政解散総選挙など、ドラマを見るような政治が展開されることを指すといえる。今でも、しばしばマスコミでみる用語である。最近の例としては、小池百合子知事（一六年八月〜）の東京都政つまり「小池劇場」（第三章で詳述）があげられる。ちなみに「劇場型政治」は、一九八四、八五年におきたグリコ・森永事件のときから使われ始めた「劇場型犯罪」という言葉の「劇場型」と「政治」という言葉が一緒になった用語と説明できる。

4　ポピュリズム的首長の登場

地方分権に伴う地方政治の変化・改革――二〇〇〇年以降

九〇年代から始まる改革派首長の時代は、今でも改革を標榜する首長がしばしば登場するので、すでに三〇年近くも続いている。そして二〇〇〇年には地方分権一括法が施行され、国と地方は対等になり、首長を国の出先機関と扱うことで問題視されていた機関委任事務が廃止された。さらに「平成の大合併」すなわち市町村合併も進んだ。このような中、二〇〇〇年に入り違うパターンの改革派首長すなわちポピュリズム的首長が登場する。

そのきっかけは、すでに詳しくみた〇一年四月発足の小泉政権である。小泉政権は、郵政解散総選挙に代表されるようにマスメディアを巧みに利用し「小泉劇場」とまで呼ばれ、日本の政治に大きな影響を与えた。さらに、この小泉政権の下で、「平成の大合併」と呼ばれる「昭和の大合併」（昭和三〇年頃）に次ぐ大規模な市町村合併を進めるとともに、自主財源が三割つまり「三割自治」と言われた脆弱な自治体財政の自立度を高めるために、「三位一体改革」を行った。すなわち、「小泉劇場」の影響を受けるかのようにポピュリズム的首長が登場するわけであるが、その小泉政権の下で、地方分権改革に伴う戦後最大ともいえる地方自治制度の大きな改革が行われていたわけである。

ここで、「平成の大合併」を詳しくみたい。その目的は、地方分権と高齢化の進展に対応して、①地方分権の受け皿作り、②高齢化に伴う福祉サービスの充実、のために自治体の行財政能力を高めるものであった。これによって、一九九五年に三二三四あった市町村は二〇〇六年一八二一(二〇二〇年三月末一七一八)とほぼ半減し、市が増え町村が激減した。住民一人当たりの行政コストが減り効率性が高まったほか、福祉関係などで専門職を配置できるようになった。しかし、合併で旧町村は寂しくなったという住民の声をよく聞く。すなわち、合併が良かったかどうかは分からない、というのが住民の素直な感想であろう[5]。

次に、「三位一体の改革」を詳しくみたい。「三位一体改革」とは、自己収入の地方税が歳入の三割しかないという「三割自治」と呼ばれた脆弱な自治体財政について、自主財源を増やし自律性を高める目的があった。そして、この改革は、①国から地方への税源委譲、②国庫補助負担金の整理・縮小・廃止、③国から地方への交付金である地方交付税の見直し、の三つの柱で成り立っていた。この三位一体改革については、政府内に二つの考え方があったとされる。一つ目は、自治体と総務省の考えで、地方分権の立場から税財源の委譲や課税自主権の強化などを求めるものである。二つ目は、財務省や経済再生諮問会議の考えで、国の財政再建を重視して、地方交付税や国庫補助負担金などの削減や市町村合併などを主張した。

最終的には〇五年一一月、国から自治体への三兆円の税源委譲、国庫補助負担金四・七兆円の削減、五・一兆円の地方交付税削減が、政府・与党合意して実現した。結果的には自治体の三割自治は改善され裁量が広がった部分もあるが、国から地方への交付金である地方交付税の削減幅が大きく、国の財政再建や行政改革の側面が強くなったといえる。(6) 結局、「三位一体改革」の地方交付税削減で、市町村は合併したけど財政的には必ずしも好転しなかったというのが実態である。

前述したように、次にみるポピュリズム的首長の登場の背景には、以上のような小泉政権時の地方分権改革に伴う地方自治制度の大きな変化・改革があったともいえる。

ポピュリズム的首長の登場――劇場型首長分析も含め

先ほどの地方自治制度での大きな変化を背景に、小泉政権に影響を受けるように、石原慎太郎東京都知事（九九～一二年）、田中康夫長野県知事（〇〇～〇六年）、東国原（ひがしこくばる）英夫宮崎県知事（〇七～一一年）、橋下徹大阪府知事（〇八～一一年：その後大阪市長に転身）、河村たかし名古屋市長（〇九年～）、鹿児島県の竹原信一阿久根市長（〇八～一〇年）などのポピュリズム的首長が登場している。

ここで、田中・東国原・橋下の三知事を相互比較して、ポピュリズムとしての特色を明らかにしたい。ちなみに、これは筆者の劇場型首長分析を用いたものである。

まず田中長野県知事であるが、作家だった田中知事は、就任早々、のちの民主党政権の政策である「コンクリートから人」を連想する「脱ダム宣言」を標榜して、現場主義でダム建設中止を決めるなど公共事業見直しで議会と対決した。また、市町村関連の県事業を市町村の意見を聞かず進めるなどして市町村との関係を悪化させたし、「好きなまちに住民税を納めたい」という発言は物議を呼び、実質上、住んでいないのに住民票を移したりもした。

次に、タレント弁護士であった橋下大阪府知事は、就任早々「(職員の) 皆さんは破産会社の従業員でボーナスゼロは当たりまえ」と発言して財政再建に取り組み、一気に改革イメージを得ることになる。そして、学力テストを公開しないことで「くそ教育委員会」など、次々と過激な発言を伴う問題提起を行い、幅広い分野において対立構図を作った。また庁舎移転で議会と対立し、結果的には橋下自ら率いる地域政党「大阪維新の会」を結成して、大阪市を廃止する大阪都構想という大きな制度改革も目指した (次章で詳述)。

これに対しタレントの東国原宮崎県知事は、特産品などのトップセールスなどを重視しPR重視の県政運営といえたが、道路特定財源維持や地方分権などで国に物申すという姿勢をとり、新聞など地元メディアとはしばしば対立した。また、畜産県宮崎にとって戦後最大の危機となった口蹄疫(こうていえき)を乗り超えるなどの物語性もあった[7]。

以上をみると、いずれの知事も、自分の政策や政治目的を実現するために議会など既成勢力との対立を演出し劇的にみせる政治手法によって注目を集め、県民・府民の支持を幅広く獲得するのに成功している。すなわち、三人の首長は筆者が「劇場型首長」と呼ぶ「一般の人々にとって分かりやすく劇的にみせる政治手法を用いて、自分の政治目的を実現しようとする首長」(有馬 2011 : 2) に該当する。これは、前章で紹介した水島指摘のポピュリズムの定義①「固定的な支持基盤を超え、幅広く国民に直接訴える政治スタイル」に該当する。

さらに、三知事とも共通する戦略があった。まず議会や国、職員労働組合など「既成勢力との対立」（敵対）。次に、テレビなどメディアを通じた「県・府民への直接発信」（大衆直結）。さらに、田中知事は脱ダム宣言、東国原知事は口蹄疫との戦い、橋下知事は大阪都構想など、「政策・政治課題の単純化・劇化」（単純化・劇化）である。すなわち、一般の人々の側つまり大衆の側に立ち反エリート・反既存政治のスタンスを取っており、これは、前章で紹介した水島指摘のポピュリズムの定義②「『人民』の立場から既成政治やエリートを批判する政治運動」にも重なる（ただ政治運動とはいえず政治スタイルといえる）。

ポピュリズム的首長とは？——その研究状況

ここまでみてきたポピュリズム的首長に関する研究・分析を、ここでみてみたい。すなわち、日本の研究者による日本のポピュリズムに関する先行研究を紹介したい(8)。

山口二郎（2010）は、東国原宮崎県知事と橋下大阪府知事をあげ、ポピュリズム的な知事と位置づけ、両知事は、既存の政治や行政に対する外部者であることを最大の財産とし、メディアを使いアマチュアの視点から役所の常識を覆すことを訴えて支持を獲得したとする。

村上弘（2010）は、橋下大阪府知事と河村名古屋市長をポピュリズムとしてとらえ、ポピュリズムについて「政治リーダーが個人的な人気やカリスマ性を備え、政党組織などを経由せず、マスメディアを使って直接に民衆に訴えかけること」と「政治的問題を単純化したり、非合理的なスローガンや利益配分によって巧みに訴えかけること」の二つの要素で定義する。そして近年、リーダーが「既得権」などの「敵」と戦う例が目立つとする。

吉田徹（2011）は、田中長野県知事をさきがけとして、橋下大阪府知事や東国原宮崎県知事などは、県議会と間接的・直接的に対立しながらも特定の党派によらないで有権者に支持されたことをもって、その改革の正統性を訴えているという。知事はもはや有権者の代表機関である議会をまとめるのではなく、マスメディアを介在させつつ、有権者の直接的な代表たるポピュリストとして振る舞うことが要求されると指摘する。

松谷満（まつたにみつる）（2011）は、石原・橋下は、大嶽秀夫のいうポピュリズムの特徴である反エリート、「ふつう」の人々の側に立つこと、善悪二元論、リーダーシップ、直接性の五つの特徴を非常に備えているという。そして、アンケート調査を用いた実証分析で、愛国心などを重視するナショナリズムと、格差や競争に肯定的であるネオ・リベラリズム（新自由主義）の二つの政治的価値を持つ人ほど、石原・橋下を高く支持する傾向があるとし、支持する人々の層が厚く多くの支持を得るのに有利だとする。

平井一臣（2011b）は、竹原阿久根市長をはじめ劇場型政治を行う首長が増えていることを危惧し、共通点は、①バッシング政治、②センセーショナルな政策の提起や施策の実行、③巧みにメディアを利用し支持拡大を図ることで、この背景には、①地方に漂う閉塞感、②新自由主義的な心性と結びついたジェラシーの政治があるとする。

植松健一（2012）は、橋下知事・河村市長をポピュリズム首長と位置づけ、新自由主義路線の点ではポピュリスト政治家の先輩格・石原都知事と同質で、リージョナリズムに訴える政治手法では東国原知事の地域ポピュリストの手法を踏襲しているが、①選挙・住民投票の戦術的利用による「民意」の調達、②議会の軽視・無視、③ワンフレーズと対決型政治による自治体ポピュリズムの鼓舞、の特色があるとする。

以上の研究をみると、日本でおきたポピュリズムについて、欧米などのポピュリズム研究の分析枠組みを使って分析するというより、日本のポピュリズム現象の特色を分析・整理して独自の見解を出す傾向があった。どちらかといえば、日本の研究は、政治戦略や政治スタイルに注目、言い換えれば、政治手法に注目した批判的分析が多かったといえる。

先ほど紹介した有馬晋作（2011）も、田中長野県知事のほか東国原宮崎県知事、橋下大阪府知事、河村名古屋市長、竹原阿久根市長の五人の首長を取り上げ「劇場型首長」と呼び「一般の人々にとって分かりやすく劇的にみせる政治手法を用いて、自分の政治目的を実現しようとする首長」とし、既成勢力と戦うという政治スタイルをとっていると指摘した。

このように、橋下知事が都構想実現を目指し知事を辞任し大阪市長選に出馬した大阪ダブル選（二〇一一年一一月）前後に、特に盛んになった我が国での自治体のポピュリズム研究や批評も、その後、急速に少なくなっている。

このような中、海外の分析手法を取り入れた研究として、後房雄（うしろ）の分析があげられる。後房雄（2017）は、橋下や河村を含めて近年注目を集めた首長について、ポピュリズム型首長、劇場型首長、改革派首長など特徴づける言葉が様々ある中で、橋下、河村にどのような言葉を選ぶべきかという問題はあるが、現代政治の最近の注目すべき動向としてのパーソナル・パーティ（カリーゼ）や大統領制化（ポグントケ、ウェブ）の事例としての位置づけも可能だとする。そして橋下・河村をポピュリズム及び大統領制化双方の事例とする位置づけが妥当とし、橋下・河村を海外の分析手法を用い詳しく分析する（後2017：2）。

そのほか善教将大（2018）は、日本のポピュリズム研究は供給面に注目しすぎで需要面すなわち有権者の実証分析が不十分だとし、大阪の「維新」支持者の緻密な調査によりポピュリズム的要因がないので、「維新」はポピュリズムと断定できないと指摘している（善教2018）。ただ善教は大衆社会論的なポピュリズムを想定しており、政治学の定義からすれば狭隘と考えられる（同様の指摘、中北2020：310）。

以上のような研究を地方政治の歴史として総括するかのように、曽我謙悟（2019）は、地方政治では、七〇年代までは地域の経済発展が自明で配分するパイが拡大し多くの人々に資源配分が可能であったが、九〇年代以降、財政難によって満遍なく配分することが難しくなったことから、改革派首長とポピュリズム首長の二種類の首長が誕生したとする。改革派首長とは、既存の仕組みの非効率性を指摘し、その改善を強調する。一方、ポピュリズム首長とは、既得権益者の存在を指摘し、それを打破することで、これまでの利益を得られてこなかった人々への再配分を主張する首長であると指摘している（曽我2019：42）。

今後の首長とは？——これからの首長のあり方を考える

劇場型首長などポピュリズム的首長が登場する背景には、我が国の地方自治制度が機関対立型といえる二元代表制であることのほか、厳しい財政や無党派層の増加、既成政党・政治不信の広がり、またテレポリティックスやSNSの本格化すなわち「政治のメディア化」の進展、さらに小泉政権後の規制緩和の進展や経済のグローバル化を背景にした格差拡大や地域社会の閉塞感があるといえる。

このようなことを背景に、ポピュリズム的首長は、引き続き地方政治で登場することも予想されるが（実際、東京で小池劇場が登場）、人口減少時代における今後の新型コロナ禍やアフター・コロナを考えると、住民間の所得格差の拡大や外国人労働者の流入によって、欧州型のポピュリズム勢力が都市部の市長選や市議会議員選挙で伸長する可能性もある（第7章2で詳述）。

このような中、現在の首長は、財政面を含め環境が厳しくなっていることから都市経営者としての性格が濃くなっているという見方（曽我2019：43）があるが、地方の小規模自治体も考えると、過疎・高齢化・人口減少という厳しい環境の中で、「地域経営（運営）に取り組む政治リーダー」たとえば「地域経営（運営）者」として理解した方が、多くの日本の自治体首長に当てはまるといえる。実は、地方政治の分野では、人口減少がますます進み高齢者比率がピークを迎える二〇四〇年頃にいかに対応するかという、いわゆる「二〇四〇年問題」がある。つまり行政資源が乏しくなる中、地域の人々に適切な行政サービスを提供できる態勢を整えることができる、すなわち厳しい時代の地方政治の舵を取れる政治リーダーが求められている。

ちなみに、地方政治の現状は、県議会や町村議会、町村長選挙で無投票が年々増え投票率も低下傾向で、かつ町村議会の「議員なり手不足」は深刻である。すなわち都市部に比べ地方では地方政治の元気がなくなっているようにみえる。他方、先ほどの二〇四〇年問題もあって、日本全体にとっても地方政治・地方自治の活性化はますます重要な課題となっているほか、二〇二〇年の新型コロナ禍によって知事をはじめ首長のリーダーシップが注目されるようになった。今後そして将来、都市部そして地方で、自治体議会も含めどのような首長や政治リーダーが登場するか注目していきたい。

注

（1）以上1のここまで、読売新聞二〇一九年一月二七日・吉川洋「平成の経済・バブル後遺症教訓の30年」をベースに佐道2012、薬師寺2014をもとに記述。

（2）以上は有馬2017a第4章で詳述（引用元はここを参照のこと）。このような分類に基づく分析は既に有馬2014で行っている。

（3）有馬2017a：104-105（引用元は本書参照のこと）。

（4）以上、本項目は、佐道2012：118,122,123,126,131。蒲島他2007：210,211。有馬2017a：48,49。久米他2011：426。構造改革は、朝日新聞二〇一五年一一月二五日「七年目の首相・アベノミクス③」一部参照。

（5）宮崎日日新聞二〇一九年一一月七日「平成大合併で人口減加速・日弁連調査」、日本経済新聞二〇二〇年一月二七日「『平成の大合併』検証調査・『存続危機で決断』大勢」など関連記事参照。なお幸田2020が「平成の大合併」の経緯・目的・効果をコンパクトにまとめている。

（6）薬師寺2014：154。

（7）以上三知事の府県政は、有馬2017c：18。引用元含め詳しくは有馬2011,2017a参照のこと。

（8）ここであげる我が国の最初のポピュリズムに関する先行研究の状況は、有馬2017a第3章が詳しい（具体的引用元もこれを参照されたい）。なお吉田徹については吉田2011：165を参照。

第2章
橋下劇場

ここでは、日本政治の代表的なポピュリズムといわれた橋下大阪府政・市政、すなわち「橋下劇場」をみてみたい。政党「維新」の創設、大阪都構想など、ほかのポピュリズム的首長とは、大きく違う面があるが、橋下引退後の「維新」の選挙での強さも注目点である。以上の面も含め、ここで詳しく「橋下劇場」をみてみたい。

1　橋下大阪府政・市政を振り返る

まず、橋下徹による大阪府政（〇八年二月～一一年一〇月）と大阪市政（一一年一二月～一五年一二月）を、振り返ってみたい。

橋下知事は、二〇〇八年二月の就任早々、府職員へのあいさつで「皆さんは破産会社の従業員、ボーナスゼロは当たりまえ」と発言し、財政非常事態宣言を発して、マスメディアを巻き込んで、不適切な財政運営をしていた府の財政再建を強力に進め成果を出す。また、学力テスト公開で

「クソ委員会」と発言して教育委員会と対立したり、府庁舎移転問題では自民が多数派の府議会とも対立した。その政治スタイルは、マスメディアを巧みに利用しながら府民の前で、既得権益グループなどを敵として戦うスタイルである。その府政は効率性重視の改革的なもので、多くの府民の支持を集めた。また、府議会での知事を支持する議員の過半数確保のため、自ら代表となって地域政党「大阪維新の会」（以下、県議会や市会も含め「維新」と呼ぶ）を立ち上げる。さらに二〇一一年一〇月、大阪再生のため大阪市を廃止し複数の特別区を設置する「大阪都構想」実現のために、橋下知事は知事職を辞任し大阪市長選に出馬するという前代未聞の行動に出て、知事選、市長選のダブル選となり見事当選する。このときから、知事・市長とも「維新」が制することになる。

二〇一一年一二月にスタートした橋下大阪市政は、「決定できる民主主義」と「グレートリセット」を謳い、既得権益グループと橋下市長がみなす職員労働組合との激しい対決姿勢の下、人事管理徹底化の各種条例の制定のほか、公募の区長・校長など民間発想の改革に取り組んだ。ただ、職員への政治活動調査は司法の場に持ち込まれ市敗訴になったり、公募校長や区長も不祥事で辞める者も出た。また、水道事業統合の計画も破綻し市営地下鉄・バスの民営化も実現できず、その市政は必ずしも順調とはいえなかった。一方、市政全体をみると、その政策はマニフェスト重視のトップダウン型のブレーン政治となり、メリハリのついた政策となった。たとえば、行財政改革としての公共施設の廃止・縮小のほか、予算をみると高齢者など弱者対策から子育て支援・教育と現役世代重視の政策にシフトしたものだった。

さらに国政政党「日本維新の会」（以下これも「維新」と呼ぶ）を立ち上げるが、二〇一二年の民主から自民への政権交代前であったため、第三極と位置付けられ中央マスメディアから大きく注目された。「維新」の目玉政策は、「大阪都構想」である。これは大阪発展のために港湾などインフラ整備や産業振興などの権限を府に集中させ、生活関連サービスの提供に特別区を特化させるものであった。この「大坂都構想」は、自民・公明など野党反対の中、紆余曲折を経て、二〇一五年五月、住民投票実施となったが、結局、僅差で否決される。ちなみに、橋下市長は自分や都構想を批判する識者を、SNSを使って激しく反論・攻撃することが多々あった。

ところで筆者は、この否決理由について、これまで橋下劇場での敵を設定しての改革は、大阪市民にとっては自分とは関係ないところで行われていたが、「都構想」は多くの大阪市民が自分のことと考えたため、いわゆる「総論賛成、各論反対」に陥ったからとみている。

住民投票で大坂都構想が否決されたのを契機に引退表明した橋下徹は、二〇一五年一二月、大阪市長を任期満了で退任したが、このとき、橋下市長の後任と大阪府知事を決める大阪ダブル選は、大阪府知事には松井一郎、大阪市長には吉村洋文（ひろふみ）と、ともに「維新」が勝利し都構想実現に再チャレンジすることになった。

その後、都構想の住民投票実施のためには、議会に設置された法定協議会において都構想の案を確定する必要があったが、「維新」が期待していた公明党の賛成が一向に得られなかった。そこで、またもや二〇一九年四月、松井大阪府知事と吉村大阪市長が辞任して、松井が市長に吉村が知事に出馬して府民と市民に都構想の信を問うというダブル選に打って出る。その結果は、

「維新」つまり松井・吉村両者の勝利になり、二〇年一一月一日に住民投票が行われることになった。しかし、その結果は、またもや反対六九万二九九六票、賛成六七万五八二九票（投票率六二・三五％）と僅差での否決であった。否決の原因について、善教将大は、「維新」は都構想のメリットとして二重行政解消を訴えていたが、知事・市長とも「維新」となり、「維新」支持者が府・市を一体化しての運営実績を評価している故に、都構想の必要性を感じなかったのではないかと分析している[1]。

このように、橋下引退後の「維新」は、大阪都構想をみる限り、順調でないようにみえるが、後述するように、かなり行政実績を出し、住民から評価されていた。

2　橋下劇場はポピュリズムか？

論壇での見方と一般の人々のイメージ

橋下劇場がポピュリズムかどうかについては、すでに前章でポピュリズム的首長として明らかにしたが、ここでは違う視点、つまり論壇（一般向けの総合雑誌）の「評論」において、どのように論じられていたかという視点からも考察したい。なお「評論」とは、「〔専門の分野や社会の動向などについて一般読者を啓発するために〕自分の意見を加えながら解説」（三省堂『新明解・国語辞典』）する論文で、時事問題なども扱う一般の人々向けの総合雑誌（いわゆる「論壇誌」）に掲載されたものである。

民主党政権の下で国民の民主党への失望が広まって、民主党から自民党への政権交代が予想される状況の中、二〇一一年一一月の大阪ダブル選の橋下勝利によって、一気に、橋下徹は次世代の政治リーダーとして注目されることになる。橋下率いる「維新」は図表二―一のような、行財政改革とともに自由貿易拡大や法人税率引き下げなどを主張する新自由主義的な「維新八策」（骨格）という公約案を、一二年二月には掲げた（九月には国政政党「日本維新の会」を立ち上げ）。そのため、一層、国民の関心が高まり、「橋下劇場」に関する評論などが総合誌に多く掲載された。すなわち、我が国において最もポピュリズム論が高まった時期といえる。

それをみると、主な社会科学系の批判的な評論は、橋下の大阪府政や大阪市政そして日頃の発言から、「橋下徹の政策・政治思想や政治スタイルは、格差拡大につながる新自由主義・新保守主義をベースにした、敵を設定し激しい攻撃性を伴うポピュリズムであり、その強いリーダーシップは独善的ととらえることができる」（有馬2017a：216）という見解が多かった[2]。

このように、反橋下派からは、格差拡大につながる新自由主義や新保守主義で激しい攻撃性を持つポピュリズムとして批判される傾向があった一方、親橋下派や保守派または新自由主義を支持する立場からは、行動力のある「改革の旗手」として期待される傾向が強かった。そして論壇では、前者の批判的主張が目立つが、テレビなどマスメディアでは後者の支持的な主張が多かった。

このような状況が、橋下劇場に関する評論の全体像といえるが、一般の人々には、論壇よりテレビなどマスメディアの方が身近で影響力があるので、支持派の主張が一般の人々へ浸透していったと考えられる。すなわち、先ほどみたような橋下府政や市政の実態は知らなくても、支持派主張の「橋下徹は行動力のある改革の旗手」というイメージが一般の人々に広まっていった[3]。

このように一般の人々から「改革」のイメージがある橋下劇場（橋下府知事・市長時代）について、改めて水島指摘（序章2）の定義でポピュリズムかどうか考えてみたい。すでに紹介した水島指摘のポピュリズムの二つの定義である「①固定的な支持基盤を超え、幅広く国民に直接訴える政治スタイル」と「②『人民』の立場から既成政治やエリートを批判する政治運動」のうち、橋下劇場は前者①の「敵を設定した政治スタイル」の成功例といえよう。このときの敵は、職員労働組合など既得権益グループで、これは、おそらく平成の改革の時代において日本に定着した「既得権益グループがいるから（改革が進まず）日本の社会経済は良くならない」というステレオ・タイプをベースにしているからである。ちなみに、二〇一九年参院選で登場した山本太郎率いる「れいわ新選組」は水島指摘の定義②に当たると考えられる（第4章4参照）。

「維新」の一般の人々のイメージ――「維新」はポピュリズムか？

ここでは、保守・革新という日本における伝統的な分類の方法から、橋下率いる「維新」もしくは橋下なき「維新」に対して一般の人々の持つイメージ（評価）をみてみたい。

日本では、戦前、「無産政党」と呼ばれた社会主義勢力が徹底的に軍部などから弾圧されたこ

○統治機構改革 ・地域の事情に合った大都市制度の創設 ・地方分権の推進 ・地方交付税廃止 ○行財政改革 ・基礎的財政収支の黒字化 ・国会議員の定数・歳費削減 ・人件費3割カット ○公務員制度改革 ・職員基本条例案の法制化 ○教育改革 ・教育委員会の設置を選択制に ・学習塾バウチャー制度の導入 ○社会保障制度 ・年金を掛け捨て制と積み立て制の併用に ・高齢者と現役世代の格差是正 ・政府が国民に現金を給付するベーシックインカム制度の設計	○経済・税制 ・自由貿易圏の拡大 ・法人税率と所得税率を引き下げ、資産課税と消費税を増税 ○外交・防衛 ・日米同盟を基軸に、豪州も含めた3国同盟を強化 ・日本全体で沖縄の基地負担の軽減を図る ・領土を自力で守る防衛力のあり方を検討 ○憲法 ・首相公選制の導入 ・参議院を廃止。代わりに首長が議員を兼務できる、国と地方の協議の場の議院を設ける ・以上を実現するため、憲法改正に必要な衆参の賛同を3分の2から2分の1に

図表2－1　国政政党「維新」の公約「維新八策」（骨格）（2012年2月）
（注）朝日新聞2012年2月13日夕刊の記事より作成。

ともあって、戦後の社会党や共産党は自らの立場を「左派」ではなく「革新」と表現してきた。しかし九〇年代に、社会党が弱まった後は、この表現も聞かなくなった。代わりのシンボルが模索され、今日では、民主党（のちに「民進党」と改称）そしてその後継者といえる立憲民主党、国民民主党は、政治的立場の保守との違いを表現するため、アメリカと同じく「リベラル」という言葉を使うことがある。ただ依然として、「革新」の概念は残っているといえよう。[4]

しかし、現在の日本では、高齢者は共産党を最も革新的な政党とみているが、若年層は「維新」を最も革新的とみているという。つまり、これまでと、まったく逆になっている。高齢者の「革新の判断基準」は、日本政治で長く争点だった憲法や安全保障であるが、四〇代以下は、「既得権益への挑戦」や「改革派」のアピールこそが「革新の判断基準」となっているからである。すなわち

「革新」とは「変化」を意味するようになった。このため、四〇代以下と五〇代以上では、「革新の判断基準」が逆転している。既得権益批判を繰り広げた橋下や橋下率いる「維新」もしくは橋下なき「維新」が、改革の旗手とみなされやすい理由も、ここにある。「維新」は新自由主義的ポピュリズムで右派ポピュリズムといえるが、四〇代以下の人々にとっては「革新」的な政党として位置付けられているのが実態である。(5)

3 橋下なき「維新」の伸長

「維新」伸長の背景

橋下劇場の最大の特色は、地域政党を立ち上げ、それが国政政党になったことである。これは、従来の劇場型首長たとえば田中康夫長野県知事が議会での勢力拡大に失敗したのに比べ大きな違いである。橋下に見習うかのように、小池百合子都知事も「都民ファーストの会」を立ち上げ、二〇一七年八月都議会選挙で圧勝したが、後述(次章)するように、一七年の衆院選で小池が急に立ち上げた「希望の党」は挫折することになった。

国政政党「維新」は、一時期は国会における第三極として大きく注目された。立ち上げ時期が二〇一二年九月と、民主から自民への政権交代(一二年一二月)の直前だったため、国民の既成

1　行政・国会改革・経済政策	3　エネルギー政策
・国会議員の報酬・定数の3割カット ・国家公務員の人件費2割カット ・「歳入庁」を新設し、徴税と社会保険料の徴収を一元化 ・国会での議員間の「自由討議」の活用、首相が年間100日は海外に行けるような運営 ・被選挙権年齢の引き下げ ・規制緩和による経済成長 ・消費増税凍結 ・租税特別措置の廃止と「給付付き税額控除」の導入 ・空港など観光インフラの拡充 ・マイナンバーカードの普及推進 **2　教育、社会保障改革** ・教育の完全無償化 ・保育士の待遇改善 ・待機児童ゼロ ・同性婚を認める ・公的年金の「賦課方式」から「積み立て方式」への移行	・原子力損害賠償制度の確立、原発稼働への関係自治体の同意の法制化などで脱原発依存体制を構築 **4　改憲、統治機構改革** ・憲法改正案として「教育無償化」「統治機構改革」「憲法裁判所の設置」を提案。衆参の憲法審査会をリードする。 ・道州制、国会の一院制、首相公選制の実現 ・「大阪都構想」の実現 ・消費税の地方税化 ・地方自治体の首長と参院議員の兼職禁止規定を廃止 **5　外交、安全保障** ・集団的自衛権行使の要件を厳格化 ・日米地位協定の見直し ・防衛費の「GDP1%枠」の撤廃 ・憲法9条改正の議論の前提として、殉職自衛官らの国立追悼施設の整備や、国のインテリジェンス機関の創設を議論

図表2－2　日本維新の会の公約（2019年参院選）
（注）朝日新聞2019年7月3日掲載の主な政党の公約より作成。

政党への不満の受け皿として大きく期待された。「維新」発足当時の公約「維新八策」（前掲図表2―1）と最新の二〇一九年参院選の公約（図表2―2）を比較すると、その政策は、規制緩和による経済成長、消費増税凍結など「小さな政府」論で、「改憲」を目指し強いリーダーシップ指向が強いが、同性婚を認めるなど多元主義的側面もある。最近は、公務員や議員を減らす「身を切る改革」でアピールしている。[6]

ただ民主から自民への一二年の政権交代後をみると、安倍政権が「安倍一強」といわれるほど安定感が増したため、国政政党「維新」は国民にとって自民補完勢力のようにもみえる。一方、「維新」は地域政党としても国政政党としても、一〇年近くの歴史を持つようになった。ポピュリズム政党が皆無というう日本での「維新」は希少な事例といえる

（なお二〇一九年参院選で左派ポピュリズムといえる「れいわ新選組」が登場している）。

中井歩（2017）は、橋下なき「維新」伸長の理由としてポピュリズムの側面を指摘する。大阪都構想の二元論的な争点つまり「都構想に賛成か反対か」の二者択一的により対決的な構図になって、反対派は既得権益となり、ポピュリスト的な政治過程の典型例となったことである。また都構想は、個々の議員にとって、アイデンティティを主張できる政策で地域や個別利益の追求から引き離して互いに協力できる象徴的な政策となったことが、大阪の地方政治で「維新」が継続した理由と指摘している（中井2017：367,369）。

そのほか、橋下なき「維新」伸長の理由としては、多くの地方議員がいることと、実際、行政の実績をあげていることが考えられる。すなわち、大阪府知事と大阪市長が「維新」になったことが、府と市の連携もうまくいき、また「維新」が安倍政権との関係が良いため、G20の誘致のほか大阪万博誘致などが実現した。万博や統合型リゾート（ＩＲ）の会場予定地である大阪市湾岸部の人工島・夢洲（ゆめしま）では、再開発が本格的に動き出している。関西空港経由のインバウンドも増加して、過去、地盤沈下といわれた大阪が、今や活況を呈している。つまり橋下なき「維新」は、大阪の政権与党として利益誘導型政治で実績をあげているのが有権者に支持されている可能性が高い。(7)

たとえば、善教将大は、「維新」の強みを、大阪府・大阪市の利害を調整し市域を超えた「大阪」の利益の代表者と自らを位置づけることに成功している点だと分析し、今、大阪で旧来の自民政権のような利益分配の仕組みを形作り、厚い地盤を固め始めている可能性があると指摘する。(8)

選挙での「維新」の強さ

「維新」の強さをみるため、ここではまず二〇一九年の選挙を具体的にみてみたい。二〇一九年四月の統一地方戦では、「維新」は道府県議会議員選挙において関西以外は全敗となった。このとき、党勢の全国的な広がりを欠く現状が浮き彫りになり、党内には危機感が広がったという[9]。しかし、二〇一九年七月の参院選では、その前の堺市長選での「維新」の勝利もあって、国政政党「維新」は大阪以外でも議席を獲得し、依然として勢いがあるのを見せつけた形になった。実際、比例の得票率は、以前の六・一％（二〇一七年衆院選）より、九・八％（二〇一九年参院選）と上がっている。

二〇一九年七月の参院選を詳しくみると、「維新」は北関東から近畿まで七選挙区と比例区合わせて計二二人の候補を擁立した。その結果は、一〇人当選（選挙区五人、比例五人）で、参議院全体で一三が一六人となり、自民、立憲民主、公明につぐ第四党となった。地元・大阪選挙区では定数四に対し、新人の梅村みずほ、ベテランの東徹の二人が一位、二位と当選している（ちなみに他の二人は、公明、自民であった）。「維新」候補者は、選挙運動では、大阪府が進める私立高校の授業料無償化など子育て・教育施策の拡充、府議会での定数削減などの「身を切る改革」といった、大阪での「維新」の実績をアピールした。一方、「維新」が掲げる憲法改正や大阪誘致を目指すカジノを含む統合型リゾート（ＩＲ）といった賛否の分かれるテーマには、ほとんど触れなかった。さらに大阪以外の選挙区をみると、東京ではテレビによく出ていた音喜多駿（前

「都民ファーストの会」）、神奈川では前知事の松沢成文、兵庫では地元アナウンサーの清水貴之など知名度のある候補者を擁立し、また比例では自民に満足しない保守層を吸収して、議席を確保したという形となった[10]。

これをみると、ポピュリズム的な運動を展開したというより、地元の実績をアピールしての支持獲得であり、全国レベルの政党というより、実質、大阪を中心とした地域政党であって、かつ国政政党という状況である。

ところで、ポピュリスト退出とともにポピュリスト率いるポピュリズム政党は消えてしまいやすいという見方もあるが、後述（第5、第6章）するように欧州のポピュリズム政党には、紆余曲折を経て躍進した政党もある。すなわち、橋下なき「維新」は消滅の可能性があったにもかかわらず、一致団結できる「大阪都構想」があったことと、地方政治で政権与党となった「維新」の大阪での実績を有権者が評価していることなどで、橋下なき「維新」は存続・伸長しているといえよう。欧州では実質上、地域政党であったポピュリズム政党が、長い年数をかけて、その主張を変化させながら国政レベルでも勢力を伸長してきた例があるので、今後、「維新」がどのように推移していくか注目していきたい。そういう意味で、二〇二〇年に入り新型コロナへの対応で「維新」の吉村大阪府知事が全国にその存在感を発揮したのは、「維新」の今後の選挙にどう影響するか注目される。

注

（1）以上本節は、有馬2011（第3～5章）と有馬2017a（第6・7章）で記述した内容をコンパクトにしたものである。引用元は拙著を参照されたい。なお最近の状況は、朝日新聞二〇一九年一二月一一日「大阪都構想案　法定協可決へ」など関連記事参照。善教の指摘は宮崎日日新聞二〇二〇年一一月二日。
（2）橋下に関する論壇での様々な批評は、有馬2017a 第8章が詳しいので参照されたい。
（3）以上は、有馬2017a：204-206（引用元はこれを参照されたい）。
（4）村上2018：117。
（5）遠藤晶久へのインタビュー記事参照（宮崎日日新聞二〇一九年五月一三日「政治認識　40代で断絶」）。
（6）村上2018：60一部参照。
（7）朝日新聞大阪社会部2019：244,245。
（8）朝日新聞大阪社会部2019：246。善教2018。
（9）朝日新聞二〇一九年四月一二日「維新　関西以外で全敗」。
（10）朝日新聞大阪社会部2019：235-236。

第3章
小池劇場

二〇一六年に登場した小池百合子東京都知事は、多くの人々から注目されている最新のポピュリズム的首長である。ただ劇場型政治の側面が強いといえるので、ここでは、小池知事を劇場型首長として分析したい。それと、本来、都民は十分知っておくべきである小池都政の全体像を、歴代の都知事の政策を振り返りながら小池都政の政策からみてみたい。

1　小池都政一年と劇場型政治の展開

都知事選と小池都政の特色

都知事選も含め小池都政一年は、小池都政の特色が最も出て、かつ小池劇場として最も注目された時期である。この時期から小池都政の特色ともいえる「劇場型政治」をみることとし、まず最初に、二〇一六年七月の都知事選の状況をみてみたい。ちなみに「劇場型政治」は「大衆民主主義においてメディアを舞台に、政治リーダーが大衆に対し劇的に見せようとする政治」（有馬2017a：8）と定義できる。

四期続いた石原慎太郎知事（九九～一二年）の後を継いだ猪瀬直樹知事（一二年一二月一八日～一三年一二月二四日）、舛添要一知事（一四年二月一一日～一六年六月二一日）の自民党主導で誕生した二人が、「政治とカネ」の問題など不祥事で短期間に相次いで失脚して、一六年七月三一日に都知事選が行われることになった。任期途中で辞任した直後の知事選だけに、都民は都政に大きな不満と疑念を抱いていたという。[1] このような中、突然、出馬を表明した自民・小池百合子に対し、自民党東京都連は事前の相談がなかったと不快感を示す。そのため、その流れの中で、小池はやむを得ず自民党の支持を得ることなく出馬という形になった。ただ、それは幸いにも、小池にとって幸運な展開となった。すなわち小池が自民都連を、どこで誰が決めているか分からない「ブラックボックス」だと批判するなか、「組織対個人」の戦いとなって、小池は、大きな勢力に立ち向かうジャンヌ・ダルク的なイメージを獲得したといえる。

これは無党派層が多い都知事選では、結果的に小池にとって有利になった。最終的には、小池は二九一万票を獲得し、自民公明他推薦の元総務大臣・増田寛也（一七九万票）、民進共産他推薦のジャーナリスト・鳥越俊太郎（一三五万票）を大きく押さえての勝利となった。投票率は五九・七三％で、前回（一四年二月）の四六・一四％を一三・五九ポイントも上回った。平成に入ってから最も高かったのは、衆院選と同日選だった一二年の六二・六〇％で、これに次いで二番目に高く、先ほどの小池の動きもあって今回の都知事選への都民の関心の高さが現れた。この投票率の高さも、小池に有利に働いた[2]。

そして、小池知事は、一六年八月二日の初登庁で「東京大改革」を標榜して、都政改革本部の設置を決めるとともに、豊洲市場移転問題のほかオリンピック経費問題さらに都政の透明化を掲げてプロジェクトチームを設置する。

小池都政の最初のショックは、八月三一日の豊洲市場移転延期の発表であった。九月には、市場の主要建設部分の地下に土壌汚染対策としての盛り土がない、いわゆる「盛り土問題」が発覚する。これによって、豊洲市場の安全性が大きくクローズアップされることになる。

一方、オリンピック施設問題は、前述の小池知事任命のプロジェクトチームが総額三兆円という多額な経費試算を発表して、これは開催決定時の「世界一コンパクト」の公約に反すると主張した。以上の「盛り土問題」「オリンピック施設問題」は長期にわたって在京キー局のテレビのワイドショーなどで取り上げられ全国に報道され、日本国民は久しぶりに小泉劇場以来の「劇場型政治」を目の当たりにすることになる。

豊洲市場移転問題については、知事は汚染対策の盛り土がなぜされていなかったのかの解明を進め、東京ガスからのガス製造・貯蔵跡地の用地取得に関して、土壌汚染対策まで入れると多額な経費になっていることが問題視された。豊洲移転を決定した石原慎太郎元知事の責任問題となって、二〇一七年三月には都議会が百条委員会を設置し、石原元知事の証人喚問まで発展している。老齢で体調が良くない中での石原元都知事の証人喚問は、テレビで中継するなど大きく報道された。かつて保守の力強い政治リーダーとして一世を風靡した石原元都知事が、同じく保守の小池都知事によって豊洲市場移転問題をめぐって無責任な知事とみなされ、石原の権威が著しく低下したのは皮肉なことである。

最終的には、都庁職員の処分を行った上で、主要施設の地下空間の床をコンクリートで覆うなどして、二〇一八年七月、小池知事は安全性を確認・宣言し、一〇月には、豊洲市場は開設されることになった。ただ築地跡地の再開発については、「食のテーマパーク」という考えが示されていたが、一九年一月に国際会議・展示場の考えが出されるなど二転三転している。

一方、オリンピック施設の見直し問題は、最終的には、国際オリンピック委員会（ＩＯＣ）、国、大会組織委員会と都の四者会談（一六年一二月）で決着した。会場見直しなどの経費縮減に取り組むことになったが、その縮減額は大きくなかった。マスメディアの中からは、小池知事は、この問題を大きくとりあげた割には、このような決着で良いのかと疑問視する声も聞かれた[3]。

都議会議員選挙での「都民ファーストの会」躍進——二〇一七年七月

これまでみたように小池都政で劇場型政治が展開する中、反小池の自民が過半数を占める都議会の状況を打破するため、小池知事は、地域政党「都民ファーストの会」を立ち上げる。そして、一七年七月に都議会議員選挙が行われた。

小池知事の勢いのほか、自民党国会議員の不祥事や森友・加計（かけ）学園問題の影響もあって、七月二日の東京都議会議員選挙（定数一二七）の結果は、自民大敗、「都民ファースト」躍進となる。一方、自民党は、現有五七議席から過去最低だった三八議席を下回り、二三議席と惨敗になる。

小池知事率いる「都民ファーストの会」は四九議席で第一党となり、知事支持にシフトした公明党などを合わせると知事支持勢力は過半数（都民ファ四九、公明二三）を制した。ちなみに、読売新聞の出口調査では無党派層の四〇％は「都民ファーストの会」の候補に投票している。

都議会議員選挙は、国政の影響を受けるといわれるが、秘書へパワハラを行った女性国会議員や、首相の友人が理事長を勤める加計学園の新学部設置問題などが影響したとされる。たとえば、選挙後の七月七～九日の世論調査（読売新聞）では、「都民ファーストの会」大勝の理由について、六〇％が「政府・自民党への批判」をあげ、「小池知事への期待」三〇％を大きく上回った。安倍内閣に「長期政権のおごりがあると思う」と答えた人が六八％に達した。このとき内閣支持率は、一二年一二月の第二次安倍内閣発足以降で最低の三六％となり、一七年二月に四五％だった無党派層の支持率は一六％まで落ち込んだ[4]。

実は、過去の都議会議員選挙もそういう面があり、常に会派の盛衰がみられ、「国政の先行指標」（佐々木2016：143）ともいわれる。たとえば、自民から民主への政権交代（〇九年九月）前の〇九年七月の都議選をみると、民主のほか野党会派が勝利し、当時の石原知事が進めていた案件、築地市場移転、新銀行事業の存続、都立三小児科病院の統廃合については、選挙結果は反対という形になった。しかし民主から自民への政権交代（一二年一二月）のあとの一三年七月の都議選は、民主敗退、自民の躍進、公明も堅調で自公与党勢力が多数を占めている[5]。

ただ、地方自治の観点からいえば、都議会議員選挙こそ、都知事選に負けずに待機児童問題や防災問題など都民の身近なテーマに注目して、東京都の政策はどうあるべきかで選挙が展開されるべきなのに、国政に影響されるのはいかがなものかと疑問を感じる。

2 劇場型首長としての小池知事

劇場型首長分析を用いて

日本における代表的なポピュリズム的首長である田中康夫長野県知事（〇〇〜〇六年）、東国原英夫宮崎県知事（〇七〜一一年）、橋下徹大阪府知事（〇八〜一一年：その後大阪市長に転身）、河村たかし名古屋市長（〇九年〜）、鹿児島県の竹原信一阿久根市長（〇八〜一〇年）の劇場型政治の手法を分析すると、図表三―一のように劇場型首長のイメージを提示することができる。

これを、小池知事に当てはめると、その全体像は、知事選を含め都政運営でジャンヌ・ダルクのように厳しい情勢の中で既成の政治家や都庁官僚と戦う女性闘士であり、そこには、「一般の人々にとって分かりやすく劇的にみせる政治手法を用いて、自分の政治目的を実現しようとする首長」（有馬2011：2）と定義する劇場型首長の「劇場型政治」の諸要素つまり「劇的性格・物語性・演技性」がみられる。

そして、劇場型首長の戦略には、①既存勢力との「敵対」、②メディアを利用した「大衆直結」、③政治、政策課題の「単純化、劇化」の三要素がある。この三要素は、近年有力視されるミュデ

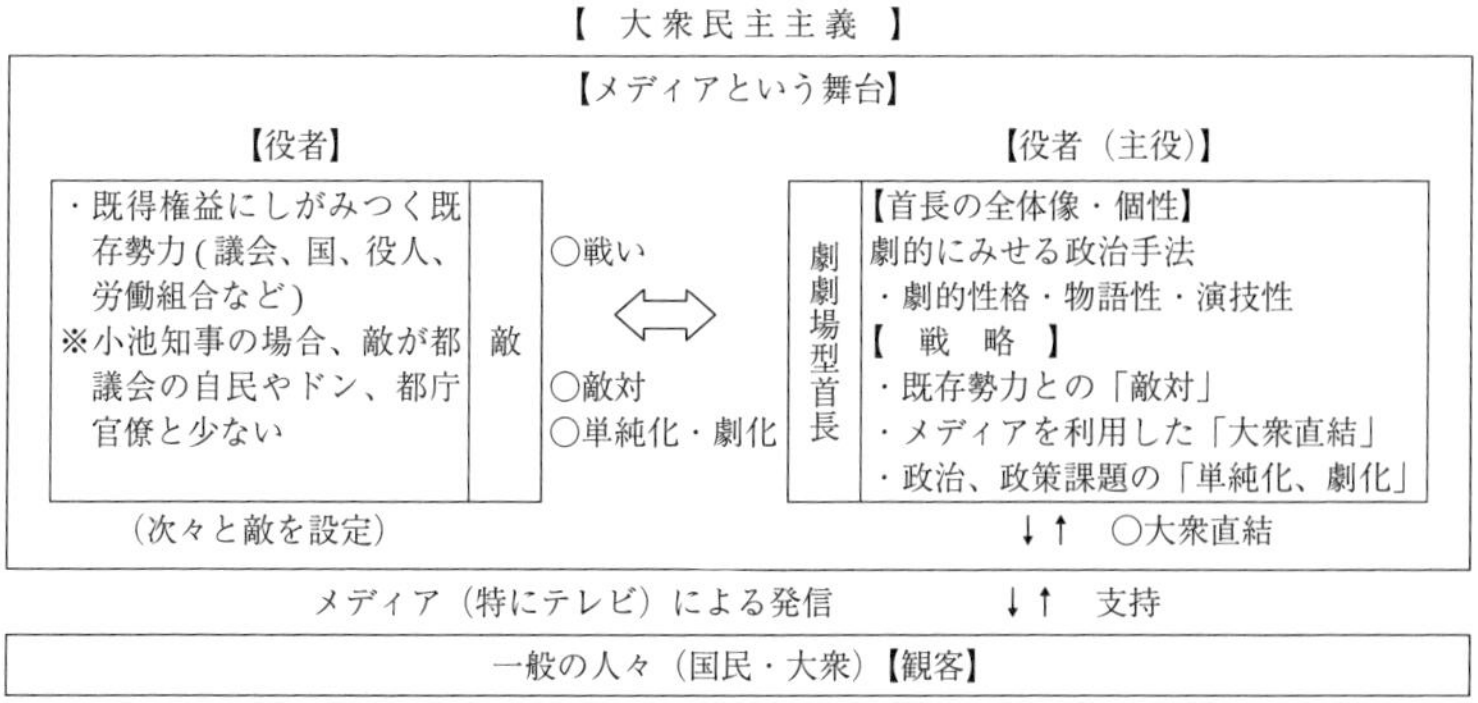

図表3－1 劇場型首長のイメージ
（出所）有馬晋作2017a:30（一部修正）

／カルトワッセル指摘のポピュリズムのキー概念つまり『「汚れなき人民」対「腐敗したエリート」の対立構図』（序章2参照）を満たしているともいえる。

すなわち、既得権益にしがみつく都議会の自民やドンと敵対しつつ「都民ファースト」のフレーズによって、自分を一般都民の側に位置づけ、テレビなどメディアを通じ多くの都民と直接結びつき、豊洲市場移転問題やオリンピック施設問題など政策課題を劇化して都民に見せている。その結果、古いタイプの政治家やブラックボックス化した都政に対し小池知事が孤軍奮闘する姿を、多くの都民が拍手喝采し応援する形になっている。

それは、都民ファーストを唱え一般の人々の側に立ち、都政への「不満や怒り」を巧みに利用するポピュリズムという側面もあるが、どちらかといえば、小池都政の劇的な展開つまり劇場型政治に注目が集まり支持が高くなったといえる。

ただ、小池知事の場合、任期全体にわたって次々と敵を設定していた橋下大阪府知事・大阪市長に比べると、敵が少ないといえる。つまり敵の設定は、都議会の自民やドンさらに市場移転問題で不透明な都政を進めた都庁官僚ぐらいである。それと皮肉にも、都議会選挙で「都民ファーストの会」が第一党になったため、これまでの最大の敵が実質上いなくなったのも、後述する小池人気の失速につながったともいえる。言い換えれば、最大で分かりやすい敵であった都議会を制したのが、逆に小池知事にとっては良くなかったかもしれない。また小池知事は、しきりに「都政大改革」という言葉を用いるが、橋下知事の掲げた「大阪都構想」に比べると、そのスケールは小さく、また小池知事は橋下知事に比べると、その攻撃性は高くないといえた。

劇場型首長の功罪——小池知事を例に

先ほどの田中長野県知事など五人の劇場型首長分析から導き出した功罪（効果と弊害）をまとめると、図表三—二のようになるが、これに基づき小池知事の功罪を分析してみたい。

都民ファーストを謳い、都議会の自民や都庁官僚との対決姿勢で都政改革を進めようとする小池知事は、就任から一年、テレビでの報道・情報番組やワイドショーで連日のように取り上げられ、都民の都政への関心は大きく高まり、知事への支持も高かった。これは、図表三—二の効果の第一の「政治を劇的に見せ分かりやすくして一般の人々の都政や政治への関心が高まる」に当たる。

一方、移転延期を表明した豊洲市場移転問題は、その安全性が問題視される中、地下水調査が進み、専門家委員会は市場は地下水を使わず、盛り土がない部分は定期的にモニタリングを行う

効　果	弊　害
第1に、政治を劇的に見せ分かりやすくすることによって、一般の人々すなわち住民が府・県・市政に興味を持ったり身近に感じて、政治的関心が高まることである。	第1に、一般の人にとって分かりやすくするために、実際は複雑な問題なのに単純化・劇的にして、問題の正しい把握や解決を阻害する恐れがあることである。また単純化・劇的にした政策が話題となって、それ以外の政策課題が注目されないことである。これは「効果」の弊害ともいえる。
第2に、首長への支持や住民の府・県・市政への関心が高くなるため、反対がある改革や長年の懸案事項について取組みやすくなることである。	第2に、テレビなどマスメディアによく登場したり敵を設定するので、いっこうに成果が出なかったり問題解決の方法を間違っていても、「がんばっている・戦っている」というイメージを住民に与え、高い支持につながることである。なお、これは首長にとってはまさしくメリットといえる。
	第3に、過度または感情的に攻撃すると、攻撃される側は反感が強くなって対立が泥沼化・長期化したり、または逆に批判を控える（抑制する）ことである。後者の場合、首長が独善的になる恐れがある。

図表3－2　劇場型首長の功罪
（注）有馬2011:194-199、有馬2017b:31より作成。

ので、市場運営は安全という見解を、実質上、示した。しかし、この食を扱う市場移転問題は、安全の上に安心をどこまで求めるかという議論に移っていき、関係者の様々な意見があって、いっこうに進まないという状況に陥った。この推移をみると、図表三―二の弊害の第一の「政策課題の劇化・単純化は解決方法を誤る恐れがある」に市場移転問題は該当する事例といえよう。

さらに今回の小池劇場で改めて明確になったのは、小池知事が焦点化した政策ばかりメディアが取り上げ、それ以外の政策はほとんど取り上げないということである。つまり、注目された政策だけは、都民の関心が高まっていくが、小池都政の他の政策が注目されず、結果的に都政の政策全体がよく見えなくなるということである。その結果、図表三―二の「弊害」の第二の「マスメディアによく登場するので、成果が出ていなくても、がんばっているイメージを与え高い支持につながる」

ということが起きているといえる。

そして、都議会選挙での小池新党結成の動きは、過去の劇場型首長の地域政党、たとえば、河村たかし名古屋市長の「減税日本」を参考にすると、議会内の対立が激しくなったり議員の粗製乱造で不祥事がおきるなど、必ずしも良い面ばかりではないといえる。また、我が国の地方自治は二元代表制で、首長と議会のチェック・アンド・バランスを期待していることから、首長率いる地域政党が議会多数派になってよいかという「そもそも論」がある（第4章1参照）。つまり首長をチェックするのがメインの役目である議会が、首長率いる政党が多数派になったら、きちんとしたチェックはできなくなるという根本的な問題である。

就任一年の間、都民は、小池知事の孤軍奮闘に拍手喝采を送り声援を送る気持ちであった。しかし、これまでの劇場型首長をはじめポピュリズム的な力強い政治リーダーをみると、「効果」だけではなく「弊害」も大きいということを認識し、話題の政策以外も含め小池知事の政策や行政手腕を都民は冷静に評価する必要がある。トランプ登場後のアメリカをみると、トランプ支持者はトランプを冷静に評価しているかが問われたように、都民には同じようなことが問われるということである。

3　二〇一七年衆院選にみるポピュリズム的側面

二〇一七年一〇月衆院選の状況

二〇一七年七月の東京都議選での自民敗退は、国政の影響もあったとされた。そのため、高い支持率を背景に安定した政権運営をしてきた安倍政権も、批判の受け皿となる勢力があれば一気に局面が変わるともいえた。そして、一七年八月二九日には北朝鮮が日本列島を超す弾道ミサイルを発射し、九月三日は六度目の核実験を行い、同月一一日には国連安保理事会が北朝鮮への追加制裁を提起するなど、北朝鮮情勢は不安定さを増し一八年には米朝が衝突するのではといった懸念も取りざされるようになっていた。

このような中、北朝鮮問題への対応と一九年一〇月の消費税引き上げ分の使途変更を大義名分に「国難突破解散」と称して、一七年九月二五日、安倍首相が衆議院解散を表明し、一〇月二二日、投票となった。これは、野党の選挙態勢が整っていない中で自民有利に展開しようという意図があったともされた[6]。だが、首相の解散表明とほぼ同日に、小池知事は自ら記者会見し、「希望の党」の設立を宣言する。その三日後、民進党（一六年三月「民主党」が「民進党」に改称）は「希望の党」への合流を決め、事実上解体することになる。

しかし、民進党の全員受け入れはない、理念や政策の異なる人物は「排除する」といった小池知事の強気な言葉が反感を増幅させ、小池知事への追い風は一転して逆風に変わることになる。この「排除」発言に反発し、一〇月二日には、合流を拒否する枝野幸男らリベラル派が新党「立憲民主党」を結成する[7]。

このような野党の足並みの乱れもあって、選挙は、ふたを開けると自民・公明で三分の二の議席を確保し圧勝となる。野党第一党には立憲民主党が踊り出る一方、「希望の党」は失速し、公示前の五七議席から後退し五〇議席となった。投票率（小選挙区）は、前回一四年（五二・六六％）を一・〇二ポイント上回る五三・六八％で、戦後二番目に低くなった。自民勝利は民進分裂による野党乱立の影響が大きいとされた。たとえば、選挙直後の世論調査（読売新聞一〇月二三・二四日実施）によると、無党派層の比例選投票先は自民二二％、立憲民主一八％、希望一〇％と大きく三つに割れた。小池を代表とする「希望」は中道右派として、「自民」に不満をもつ保守系の支持を集めるかと思われたが、それほど票は伸びなかった。

民主党政権が誕生した〇九年衆院選の出口調査（読売新聞）では、無党派層の五二％が比例では民主に投票したが、今回は無党派層が特定の政党に集中せず支持が分散した。それと、野党側の争点設定もうまくいかなかった。読売新聞の調査（読売新聞二〇一七年一二月二二日「二〇一七年選挙回顧」）をみると、「政策や争点」（複数回答）で無党派層では野党が盛んに取り上げた「森友・加計学園」は最下位の三一％で、「北朝鮮問題など外交や安全保障」の五一％が最多だった。この結果をみると、衆院解散の場合、解散権を持つ首相がリードして争点を設定しようとするが、今回は、その成功例になったといえよう。なお内閣支持率は五二％に上昇し七月の都議選直後三六％から大きく回復した。

その後の「希望の党」であるが、代表の小池は、都政に専念するとして、一七年一一月、党代表を辞任し、その後、希望と民進が合流し一八年五月、国民民主党が発足している。結局、「希

望の党」は七か月の短命で、小池主導の戦略は挫折し、小池人気も急速に失速することになる。(8)

民進党と「希望の党」の行動の評価

今回の民進党の動きについて、どのように評価できるか、「希望の党」とともに考えてみたい。二〇一七年九月、衆院解散が決まったとき、突然、都議選で大きな勢いを見せた小池知事率いる「希望の党」が登場して、支持率低迷に悩んでいる民進党は強い危機感を抱くことになる。そのため、衆院選への立候補予定者が「希望の党」から立候補するという驚きの戦略で選挙に臨もうとした。これは、野党第一党が総選挙直前に消滅するという異常事態で、国民に大きなインパクトを与えた。

実際、今回の衆院選の告示日から投票日前日までのNHKと在京民放五局の衆院選関連番組の放送時間は、八四時間四三分で、前回衆院選(二〇一四年一二月)の三八時間二一分から倍増している(毎日新聞二〇一七年一一月九日)。その放送時間の延びの大部分は、情報・ワイドショー番組で小池新党関連であった。このことからも、国民に与えたインパクトの大きさが分かる。

水島治郎は、組織的に弱体化している既成政党が、あわよくばポピュリズム的な動向を取り込むことで起死回生を図ることは十分あり得るとする(水島2018b:198)。その例として、イギリスでキャメロン元首相が党内統一と権力基盤固めを目的に決めたEU離脱を問う国民投票があげられるが、その結果は僅差で離脱可決となってポピュリズムの代表例となり、イギリス政治の混乱を招くことになった。

実は、中道左派の政党は、世界的に見ても混迷の状況である。その理由は、グローバル化が先進国に思ったほどの果実を与えず分配のためのパイが十分増えなかったからともいえる。つまり、グローバル化の進展によって再分配政策を十分展開できず、中間層の所得が伸び悩んでいる。また先進諸国では中道左派と中道右派の政党の政策が近づき、その差がなくなっている。日本でも安倍政権が、同一労働同一賃金など左派のお株を奪うような政策を実施しようとしている。しかし、日本の中道左派と中道右派の支持者の中には、既成政治への不信感をベースに長期政権を望ましく思わず非自民に期待する人々もいる。もともと保守で非自民に立つ小池率いる「希望の党」は、その受け皿になる可能性が十分あった。しかし、ポピュリズム的要素が強いだけに、「排除」という言葉によって一気に失速してしまった。そして、その結果、野党では分裂が一気に進んでしまったといえる。

以上のことをみると、今回の「希望の党」の動きは、ポピュリズム戦略としては、あり得る動きといえ、もし成功していれば日本政治の歴史に残ったであろう。ただ、「排除」という言葉ひとつで情勢が大きく変わるのは、無党派層の風向き次第で勢いに差がつくポピュリズム故の結果だったといえよう。

ちなみに、この「排除」発言を契機とする小池知事の急速な失速以降、いくつか劇場型政治になりそうなことがおきているが、そうはならなかった。たとえば、一八年一二月における都の法人事業税・法人住民税の国への拠出（地方交付税の財源となる）額を年四〇〇〇億円から九二〇〇億円に増額する話で、小池知事は国と増額ストップを交渉したが、結局、認められなかった。また一九年一一月、東京オリンピックのマラソンが札幌に移されたことなどの出来事も同様である。[9]これらの出来事は、マスメディアが以前のように大きく取り上げることなく終わっているので、「排除」発言以降、小池知事の劇場型政治の有効性は著しく低下していたといえよう。

4　小池都政の全体像――その政策からみる

歴代都知事の政策

小池都政は劇場型政治のため、マスメディアで注目された政策以外は、都民にはよくみえない。そこで、ここでは、小池都政の全体像をその政策からみてみたい。その前に歴代知事の政策をみることにより、東京都政の歴史を短く振り返る。なお、これまでの都知事選の争点をみると、経済重視または生活重視か、ハード重視またはソフト重視か、で争点が大きく振れることがあった。すなわち、これによって各知事の政策も、定期的に、この二つの間を揺れることになる（佐々木2016：208-209）。

戦後の都知事二代目である東龍太郎（あずまりょうたろう）知事（五九～六七年）のときは、アジア初の東京オリンピックを開催するにあたり、首都高速道路の整備やスタジアムなど公共施設の整備に追われた。したがって、経済重視、ハード重視の都政だった。しかし次の都政は、これを批判し、福祉や教育、公害問題の解決を訴えた革新・美濃部亮吉知事（六七〜七九年）で、その政策は、生活重視、ソフト重視となった。三期一二年間にわたる革新都政だった美濃部都政の終わりは、オイルショックによって高度経済成長が終焉し、実質、全国での革新自治の終わりを意味した。

このとき、自民党などが推す鈴木俊一（七九〜九五年）は、バラマキ福祉を批判し財政再建を旗印に掲げて当選する。鈴木知事は、マイタウン東京構想、多心型都市構造への転換を求め、日本経済の回復もあって臨海副都心開発など経済重視、ハード重視の都政が四期一六年間続くことになる。この鈴木退陣にともない鈴木批判を展開し当選したのが青島幸男知事（九五〜九九年）で、世界都市博を中止し生活者起点の都政を主張したが、一期のみで終わる。

次に登場した石原都政（九九〜一二年）は、構造改革の小泉政権と二人三脚で都市再生を掲げ、経済重視、ハード重視の政策を展開した。凍結されていた外郭環状道路の工事再開、羽田空港の国際化に向けた拡張工事に力を入れた。石原のあとは、猪瀬直樹、舛添要一と両知事とも一、二年ほどで不祥事で辞任することになる。そして二〇一六年八月、小池知事が登場する。[10]

小池知事の政策

小池知事の公約を、知事選で配られた選挙公報からみてみたい。「東京大改革宣言」と謳い、「都政の透明化」「五輪関連予算運営の適正化」「行財政改革の推進」「都知事報酬の削減」「特区制度の徹底活用」を掲げている。すでに述べたように、知事就任早々、「都政の透明化」「五輪関連予算運営の適正化」などはプロジェクト・チームを発足している。さらに、東京の課題解決と

ダイバーシティー	セーフ・シティー	スマート・シティー
女性も、男性も、子どもも、シニアも、障がい者も、生き生き生活できる、活躍できる都市・東京 ・待機児童対策推進、規制見直し ・介護士、保育士の待遇改善 ・予防医療、受動喫煙対策の推進 ・高齢者、障がい者の働き場の確保	もっと安心、もっと安全、もっと元気な首都・東京 ・建造物の耐震化、不燃化を加速 ・都道の電柱ゼロ化 ・テロ等セキュリティー対策を本格化 ・町会、商店街の維持、発展	世界に開かれた環境・金融先進都市・東京 ・スマートハウスへの補助強化 ・街灯や公共施設のLED化 ・国際金融都市への環境整備 ・中堅、中小企業の事業承継支援

図表３－３　小池知事公約の３つのシティー
（注）東京都知事選「選挙公報」より作成（東京都選挙管理委員会HPより）

成長創出のために三つの「新しい東京」をつくりますと謳い、図表三―三のように「ダイバーシティー」「セーフ・シティー」「スマート・シティー」の三つのシティを掲げている。この三つのシティの内容をみると、「国際金融都市への環境整備」以外は生活重視の事業といえる。そして、都政の課題を解決するため七つのゼロを目指すとして、「待機児童ゼロ」「介護離職ゼロ」「残業ゼロ」「都道電柱ゼロ」「満員電車ゼロ」「多摩格差ゼロ」「ペット殺処分ゼロ」をあげていた。これらのゼロは、一種の数値目標のようにみえるが、後述する計画の策定の仕方をみると、任期最終年度の二〇二〇年度にゼロにするというのではなく、整備を図り極力緩和するというものである。[11]

そして知事就任後五か月ほど過ぎた一六年一二月、小池知事は「都民ファーストでつくる『新しい東京』――二〇二〇に向けた実行プラン」（以下「二〇二〇年実行プラン」と呼ぶ）という四か年計画（一七～二〇年度）を策定している。

宮本知樹（2017）によると、舛添知事時代の一四年一二月に発表された「東京都長期ビジョン～『世界一の都市・東京』の実現を目指して」（以下「長期ビジョン」と呼ぶ）と比較すると、その政策の多くが、この「二〇二〇年実行プラン」に引き継がれているという。また、「二〇二〇年実行プラン」の第三章「成長戦略」と第四章「東京の未来像」は新たに付け加えられているが、その中身をみると、第三章「成長戦略」は政策というより目標の提示という形が強く、第四章「東京の未来像」は二〇〜三〇代の若手職員によるワークショップのブレイン・ストーミングで策定され、未来の東京都の姿であって、小池都政一期目の具体的施策・計画となっていない。すなわち、具体的な施策・事業が書かれているのは、第二章「三つのシティ実現に向けた政策展開」である。

この第二章について、舛添知事のときの「長期ビジョン」と比較してみてみたい。この章は、政策が知事選で小池が公約として掲げた三つのシティに分かれる。つまり、防災、インフラ整備、まちづくり等の「セーフ・シティ」、子育て・高齢者・障害者など福祉と医療の充実、誰もが活躍できる人材育成やスポーツ振興など「ダイバー・シティ」、エネルギー、環境、国際金融・経済都市、観光・芸術の振興などの「スマート・シティ」の三つのシティである。

具体的にいえば、小池が知事選で掲げた三つのシティに沿って、舛添時代の「長期ビジョン」を再編成し小池カラーを加えたといえる。なお国際政治学者であった舛添前知事のときの都市外交についてはトーンダウンしている。具体的な事業ベースでみた小池カラーとは、選挙時の公約での目玉政策、「待機児童対策」「高校無償化」「無電柱化」などで、その中には「長期ビジョン」にすでに盛り込まれていたものもあり、新しいものとしてはライフワークバランスのためのテレワークや女性ベンチャー支援、私立高等学校特別奨学金の拡充などであった[12]。

先ほどの「三つのシティ」の内容を改めてみても、防災、インフラ整備などの「セーフ・シティ」、福祉と医療などの「ダイバー・シティ」の二つは、生活面の政策が主であり、「スマート・シティ」は、国際金融・経済都市というのはあるが過去の知事のような開発型というほどではない。これからいえることは、開発型の石原知事のあと、オリンピック開催を決めた猪瀬知事、そのあとの舛添知事という短い任期の知事を経て登場した小池都政は、生活重視、ソフト重視の政策になっている。

すなわち、小池知事の「東京大改革」は、改革、改革というが、小池都政の全体像は、舛添知事時代の施策を引き継ぎながら、生活関連の施策を改善・充実する地道な政策で成り立っているといえる。たとえば中北浩爾（2020）は、小池の掲げた政策は橋下に比べ先鋭的でないという。その理由は、東京経済の現状への危機感は大阪に比べて弱く、大阪都構想に匹敵するような大きくかつ明確な政策目標がないからだとする（中北2020：296）。言い換えれば、現在の都政が抱える課題は、防災のほか待機児童など生活と関連する身近なことが多い。だからこそ劇的に見せるのも難しく、見せる必要性がないともいえよう。

5　新型コロナウイルス対策と都知事選

小池都政も任期後半に入り都知事選も来年となった二〇一九年三月、突然、自民党の二階幹事長が、次の都知事も小池知事が続投という発言があり、自民党東京都連が反発することになる。

「排除」発言以降、マスメディア登場が極端に減った小池知事ではあったが、大きな失政もなく、小池知事以外に有力な対抗馬が見えてこないのも事実だった。その後も自民・二階幹事長から「次の知事も小池」という発言が、しばしば聞かれ始め、小池知事再選やむなしという流れができていく。

このような中、二〇二〇年に入って一月、中国での新型コロナウイルス発生が明らかになり、三月になると東京での感染が急速に拡大することになる。また日本全体が新型コロナ対策で一色となる。新型コロナ感染拡大に伴い、対策の陣頭指揮をとる小池知事は連日、テレビなどマスメディアに登場した。これは、小池知事の存在感を増すのに大きな効果を発揮したし、四月の国の非常事態宣言の発令や事業者への休業要請をめぐって国とやり合うこともあって、小池知事のリーダーシップが注目され存在感を発揮した。これにより、次期都知事は小池という既定路線は完全に固まったといえる。

そして、主な野党が対抗馬を出さない中、二〇二〇年七月五日の都知事選の結果は、小池知事が三六六万票と前回（二〇一六年二九一万票）を大幅に上回り、次点の宇都宮健児（共産党系・無所属）の八四万票を大きく引き離すものだった。また二〇一二年知事選の猪瀬直樹獲得の約四三三万票に次いで、過去二番目の多さとなった。小池知事は、都庁で報道陣の取材に「新型コロナウイルス対策で都民の命や暮らしを守り、経済戦略を考えたい」と二期目の抱負を語った[13]。

ただ、本章の考察からいえることは、四年前の小池知事は、その知事選で都民の身近な生活に関わる公約を主に掲げて当選したのであるからには、今度の知事選では都民の暮らしが向上したのかが問われるべきであった。新型コロナ関係でマスメディアへの露出度が高まり有力な対抗馬が出ないというのは、四年前と同じく公約など政策が議論されることなく、人気に左右される都知事選に陥ったといえよう。なお、新型コロナ対策をめぐって小池知事は国と対立的に見えることが多々あるが、都民の安全・安心のためには、本来、国との連携が取れた政策展開こそが大切といえよう。

注

（1）片山・郷原2017：25。
（2）以上、読売新聞二〇一六年八月一日ほか都知事選関連記事参照。
（3）以上、市場移転問題、オリンピック施設問題は、読売新聞二〇一八年一〇月一一日ほか関連記事参照。本章は新聞記事を基に出来事を整理しているが、必要に応じ都政広報誌や都HP資料を参考にした。
（4）以上、宮崎日日新聞二〇一七年七月三日、読売新聞二〇一七年一二月二二日「二〇一七年選挙回顧」（世論調査も掲載）ほか関連記事参照。
（5）佐々木2016：143-145。
（6）安倍首相の解散の決断の理由については、野党が弱い時期だからという見方もあったが、国連制裁が決まると安倍政権は政治的に動けなくなるからという見方もある（読売新聞二〇一七年一二月二二日）。
（7）以上、真鍋2018：180、読売新聞二〇一七年一〇月二三日ほか関連記事参照。
（8）以上、読売新聞二〇一七年一〇月二四日ほか関連記事参照。読売新聞・早稲田大学の共同世論調査（一八年三月）で政治家に対する気持ちを「温度」で尋ねる質問をすると、一位小泉進次郎六〇・七度、二位小泉純一郎五六・四度、三位安倍晋三四九・七度で、一〇位に小池（三三・七度）であった。実は、都議選直後（〇七年七、八月）の調査では小池は五四・九度と小泉親子と並び、衆院解散前後（九〜一〇月）の時も五一・〇度で、今回の三三・七度は小池人気の急落と国民の熱が冷めたことを如実に示している（読売新聞二〇一八年三月二九日）。

（9）読売新聞二〇二〇年三月三一日ほか関連記事参照。
（10）以上、佐々木2011第2・8章，2016：71（知事の任期）、青山2020参照。
（11）都知事選「選挙公報」（東京都選挙管理委員会）、産経新聞二〇一八年一月五日、毎日新聞二〇一九年八月二日「小池知事就任3年」参照。
（12）以上の「二〇二〇年実行プラン」の解説は、実際、プランを検証したが、宮本2017：10,11、青山2020：224も参照。なお、「二〇二〇年実行プラン」P364,365に「長期ビジョン」との比較表が掲載。
（13）以上、5のここまでは、朝日新聞二〇二〇年五月一九日「小池氏、コロナで増す存在感」など都知事選と新型コロナ関連記事参照。

第4章
ポピュリズムを生み出す日本政治の仕組み

ここまでみてきたように、日本では自治体レベルでポピュリズム現象がよくおきていた。そこで本章では、なぜ自治体でおきるかを、地方自治の仕組みから明らかにするとともに、国政レベルにおいて二〇一九年参院選も含めポピュリズム現象がおきる日本政治の仕組みを明らかにしたい。なお最後に、国政選挙などから日本政治の全体像、さらに新型コロナ禍での政治状況もみてみたい。

1　ポピュリズムを生む地方自治の仕組み

地方自治の仕組み――二元代表制の採用

これまでみたように、日本では自治体でポピュリズム的首長が、しばしば登場することがあった。そこで、なぜ登場するかを、日本の地方政治つまり地方自治の仕組みから考えてみたい。日

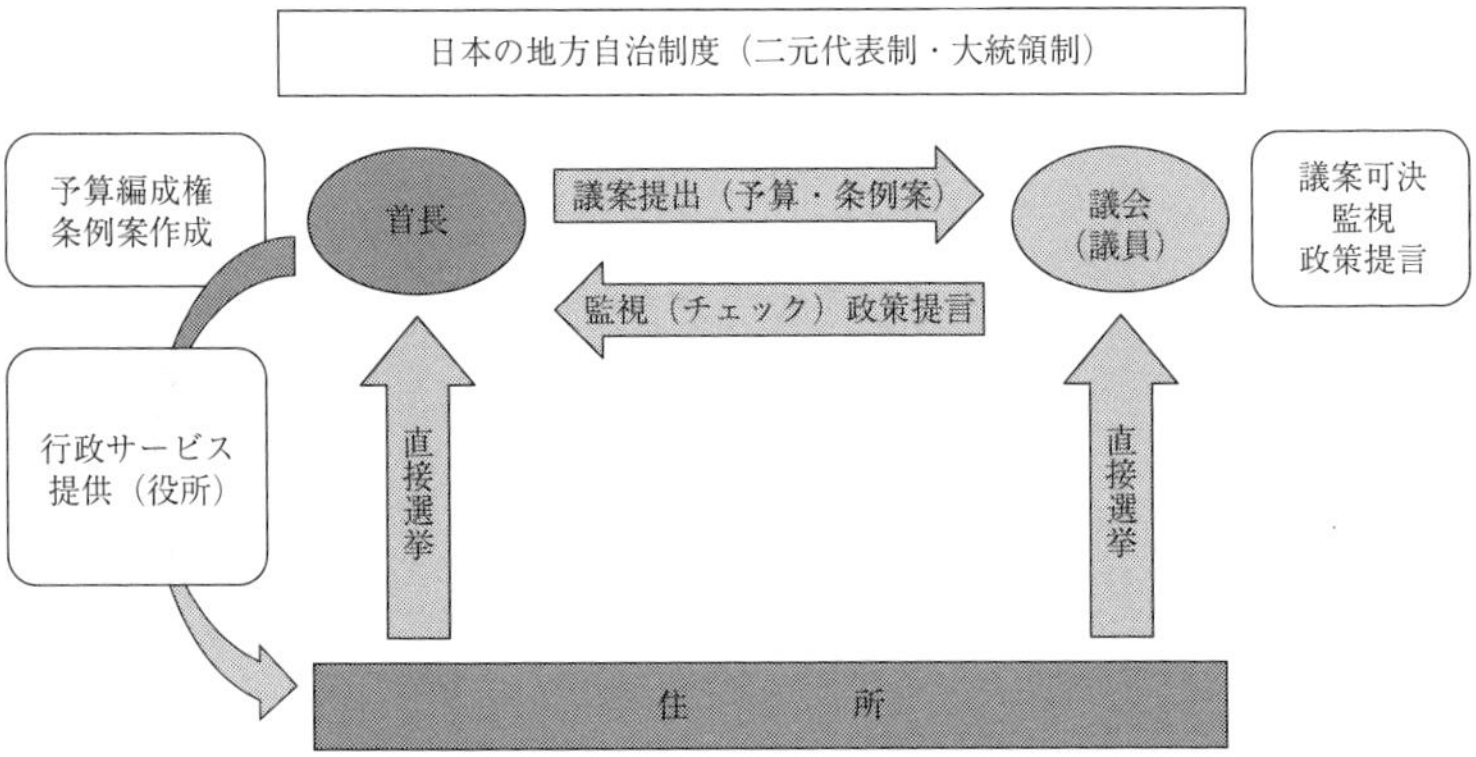

図表4－1　二元代表制の仕組み
（注）筆者が作成。

本の地方自治は、知事・市町村長つまり首長と議会議員が、それぞれ住民の直接選挙によって選ばれる二元代表制を採用している（図表四―一参照）。これは、首長が住民の直接選挙で選ばれる点に注目し、大統領制と呼ばれることがあり、国政の議院内閣制とは大きく異なる制度である。すなわち、直接、住民が首長を選挙で選ぶので、議会多数派とは関係なく選ぶことができる。このため、住民の支持や人気を獲得すると、まるで南米諸国のようにポピュリズム的首長が、突然、誕生することがある。

では、首長と議会の関係を詳しくみたい。議院内閣制の場合、内閣の長である首相は国会の多数派から選ばれ、首相を選んだ国会多数派は与党として内閣を支える。これに対し二元代表制では、議会は制度的には首長選出には関わらず、首長つまり執行部へのチェックつまり監視が大きな役目となる。したがって、機関対立型といわれることがある。

さらに二元代表制は、アメリカなどの大統領制と似た制度といわれることがあるが、異なる点も多い。大きな違いは、予算と法律（自治体では条例）に関する権限である。アメリカ大統領制では、予算案の作成や立法に関する権限は議会が持っていて、大統領は基本的には関与できない。すなわち、完全なる三権分立である。しかし日本では、首長は、条例案も予算案も作成する権限があり、議会提出権ももっている。つまり、首長優位の制度設計となっている。ただ、見ようによっては、条例案も予算案も議会で議決してもらわないと首長は実施に移すことはできないし、議会が最終決定者ともいえる。そこで、もし議会が首長と対決姿勢になれば、一気に行政運営が立ち行かなくなる。これが、先ほど述べたように、二元代表制を機関対立型と呼ぶ所以でもあるし、議会と対決するポピュリズム的首長が登場する背景でもある。

以上のことを考えると、二元代表制で本来あるべき首長と議会の関係は、議会側が監視やチェックを行いつつ、かつ協力すべきところは協力するというものである。そこで円滑な自治体運営のため、首長と議会は「車の両輪」にたとえられる。しかし、首長の権限は強くて広範囲に及び予算編成権も持っているので、実際は、多くの議員が首長寄りになって、両者の関係がなれあいになっているとか、議会は首長の追認機関だという批判もある[1]。

現実は以上のようなケースが多いが、機関対立型の制度を採用しているので、先ほど述べたようにポピュリズム現象がときどき発生する。たとえば、自営業や団体代表の中高年の男性議員が多い議会を、住民全体の声を反映していないとか既得権益グループだと首長が批判して、多くの住民の人気を得ようとするポピュリズム的首長が登場することもある。

2　ポピュリズムを生む自治体議会の特色

都道府県議会での選挙制度の特色と党派性の課題

国政選挙において各政党の地方での選挙運動の中心となって活動するのは、都道府県議会議員である。そのため、都道府県議会の党派性は、国政選挙へ大きく影響し、日本政治にとって大変重要になる。実は都道府県の党派性（図表四―二）をみると、市町村（図表四―三）に比べ党派性が進んでいる。この理由は、都道府県議会の選挙では、議員と住民との距離が遠いので、選挙のとき、候補者がどのような人物か知るという点で、どの政党に所属しているかは有権者にとって重要な手がかりになるからである(2)。

ただ現在の党派性が、民意を正確に反映しているとは必ずしもいえない。その理由は、都道府県議会の選挙制度が原因である。各県議会の選挙区は、政令指定都市の場合は「区単位」、一般市の場合は「市全域」、町村の場合は「郡単位」を選挙区として、各選挙区の人口に応じ議会の定数を配分している。このような選挙制度だと、民意を反映した政党の構成が成立しにくい。たとえば、指定都市にならない程度や、そのような程度の都市が複数ある県の場合、各選挙区の定数が大きいので多党制いわゆる多党化が進みやすい。さらに小規模の都市と指定都市の占める割合が高い都道府県の場合では、二から四程度の政党が成立しやすい。他方、農村部が多い県ほど一人区や二人区が多くなりやすく、自民党の一党優位あるいは二大政党制を生みやすい[3]。

すなわち、都道府県ごとの選挙区定数の違いは、歴史上の偶然の産物といえるので、前述したように、都道府県議会議員の現在の政党の分布状況は、民意を正確に反映していないといえる。

所属政党	人数（人）	全議員に占める割合（%）
自民党	1301	48.8
公明党	206	7.7
共産党	138	5.2
立憲民主党	128	4.8
国民民主党	103	3.9
社会民主党	31	1.2
日本維新の会	18	0.7
諸派	148	5.5
無所属	595	22.3
計	2668	100.0

図表４－２　都道府県議会の党派性（2019年12月末現在）
（出所）総務省調査「地方公共団体の議会の議員及び長の所属党派別人員調等」（総務省HP資料）。

所属政党	人数（人）	全議員に占める割合（%）
公明党	2709	9.1
共産党	2503	8.4
自民党	2180	7.3
立憲民主党	463	1.6
社会民主党	212	0.7
国民民主党	203	0.7
日本維新の会	146	0.5
NHKから国民を守る党	39	0.1
諸派	523	1.8
無所属	20784	69.8
計	29762	100.0

図表４－３　市区町村議会議員の党派性（2019年12月末現在）
（出所）総務省調査「地方公共団体の議会の議員及び長の所属党派別人員調等」（総務省HP資料）。

そこで曽我謙悟（2019）は、都道府県議会を我が国の政治的主体として、あらためて位置付けることが選挙制度改革の大きな課題であるとする（曽我2019：47）。すなわち、民意を正確に反映する政党化が進めば地方政治は活性化し、かつ議員の資質も高まるので、選挙制度を大幅に変えて政党化を一層進めるべきという主張である。ただ現実は、無投票になりやすい一人区解消の議論はあっても、選挙制度のあり方の根本的な議論は、ほとんど行われていない。

しかし、民意を正確に反映する都道府県議会の政党化は、それほど難しい話ではないと砂原庸介（2015）はいう。つまり現在の選挙制度を、比例制でありながら現行と同じように個人名に投票する非拘束名簿式比例代表制[4]を採用すればスムーズな移行を図られ、民意を反映する政党化が進むと提言する（砂原2015：220）。そろそろ、このような抜本的な制度改正を議論する時期にきているかもしれない。ただ欧州諸国の例（第５・６章参照）をみると分かるように、都道府県議会選挙への比例制の導入は、ポピュリズム政党伸長の大きなチャンスを与えることになるだろう。

市区町村議会の選挙の特色

次に、都道府県議会に比べ政党化が進んでいない市区町村議会（区は東京都特別区）をみてみたい。その理由は、議員が選挙では個人後援会に負うところが大きく、選挙活動は政党に依存せず、結果として、有権者の政党に対する支持を、票に結びつけにくい仕組みとなっているからである[5]。そのため、党派性が進んでおらず、図表四―三のように無所属が七割を占め、農村部の町村では政党に所属しない保守系無所属の議員が大半となることも多い。

しかし都市部では、「日本維新の会」のようなポピュリズム政党や「N国党」のようなワン・イシュー型政党の新規参入の可能性も高い。実際、全国をみると「維新」の議員は多く（一四六名）、「N国党」（三九名）もいる。すなわち、都市部では多党化や地域政党の進出がみられる。

また市区町村議会の場合、市区町村を一つのエリアとする大選挙区で選挙区定数が多いので、当選の得票数の最低ラインが低くなり新人が参入しやすいという傾向がある。そのため、ときにはポピュリスト的な議員が登場する可能性がある。たとえば、議会や職員労働組合と激しく対立してポピュリストとして有名になった鹿児島県阿久根市の竹原信一市長（〇八～一〇年）は、市長の前は市議会議員だったし市長選落選後の今も市議会議員である。そして最近は、排外主義を主張する市議会議員が登場している例もある（第7章2参照）。

自治体議会議員と住民との乖離――ポピュリズム登場の要因

自治体議会議員の最大の特色は、議員の出身つまり社会的背景と、住民構成との著しい乖離（かいり）である。これが、ポピュリズム的首長の登場の大きな要因となっている。

都道府県議会をみると、各種団体の代表的な存在の議員や各地域つまり選挙区の有力者的な議員が多いが、市町村議会をみると、自営業や農林漁業などの第一次産業に従事する議員が多い。そして、中高年の男性議員が多数を占めている。他方、小売業やサービス業など第三次産業従事者のほか企業で働く会社員という議員や、女性・若者の議員が少ない。

市町村議会がこのようになる理由は、自営業や農林漁業に従事する人は、商店街や農協・漁協・森林組合に所属し議会に代表を送ろうという機運が高まるからである。これに対し会社員は、職場つまり会社もそれぞれ別で、地域とのつながりも希薄で議会に代表を送るまでにはなりにくい。ただ、働く人の代表として労働組合が議員を議会へ送り込んでいるが、今や労働組合の組織率も低下している[(6)]。

以上のように、議員の出身構成が住民の構成と著しく乖離しているため、議会は住民の民意をしっかり反映できるかという根本的問題が生じる。この乖離こそ、議会は一般の人々の意見を反映していないとか既得権益グループだといって、議会を批判し敵視するポピュリズム的首長が、しばしば登場する大きな要因といえる。

3　ポピュリズムを生む国政の仕組み

議院内閣制の仕組み

ここからは国政をみてみたい。民主主義の観点からいえば、国民が自らの代表（議員）を選ぶだけでは不十分で、選んだ代表が行政機関をしっかりコントロールすることが大切である。このための制度は、次の二種類がある。

一つ目は、大統領制で、行政府の長である大統領を国民が選出する制度で、日本は自治体レベ

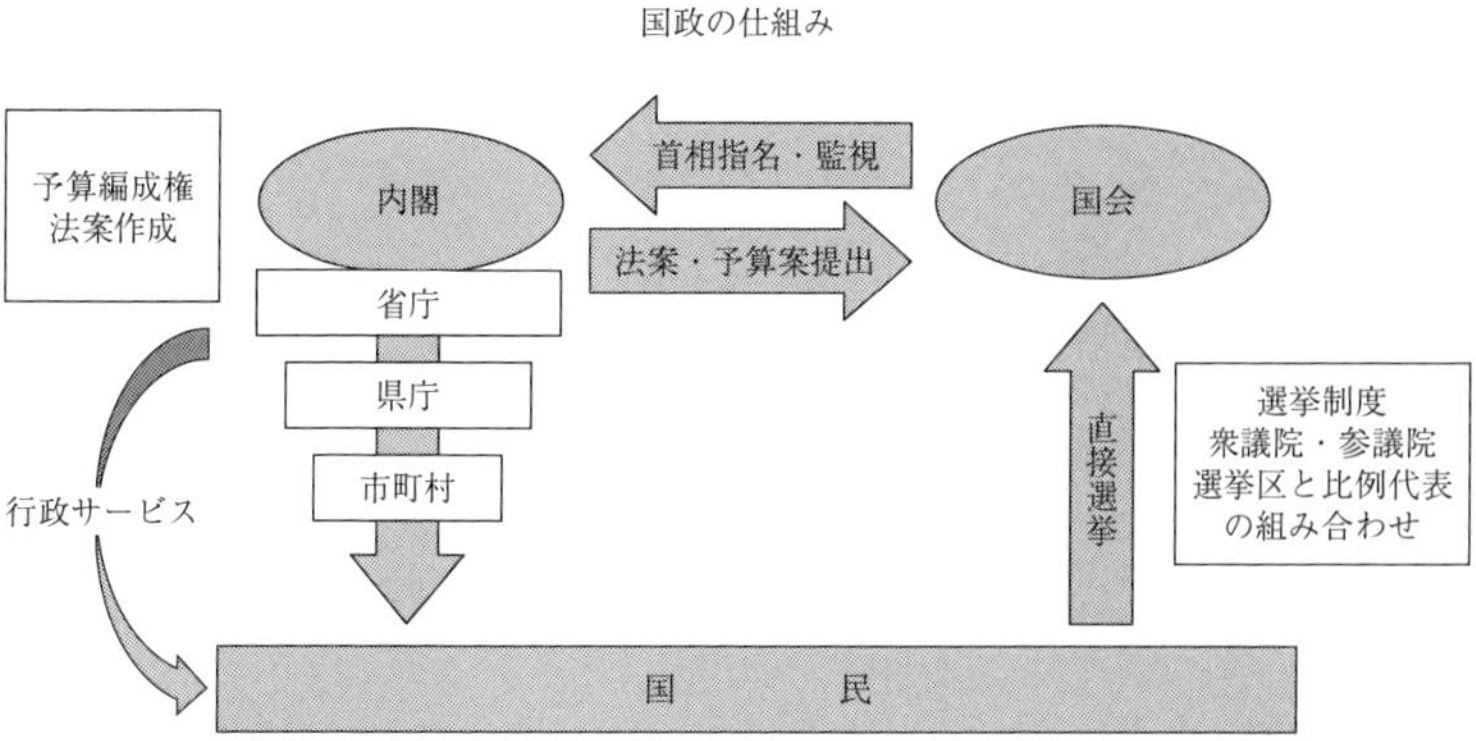

図表4－4　国政の仕組み
（注）筆者が作成。

ルで、これを採用している。二つ目は、議院内閣制で、行政府の長である首相を国会が選出する制度である。日本は国政レベルで、これを採用し、国会は首相（内閣総理大臣）を指名し、この首相が国会議員（民間人もあり得る）の中から大臣を任命して内閣を組織する。[7]

この議院内閣制の場合、大統領制に比べ、国会の内閣・行政府に対する関与や役割が大きい。そして、大臣を長とする各省庁は、法令や補助金を用いて県や市町村を通じて国民に行政サービスを提供する仕組みとなっている（図表四―四参照）。

ところで、大統領制を採用している南米諸国で、ポピュリストの大統領がしばしば登場しているが、国民が直接選ぶ大統領制に比べ国会議員が首相を選ぶ議院内閣制ではポピュリストが首相として登場するのは難しい。ただ日本では自民党党首（総裁）選出に国会議員選挙前に党員選挙を導入したため、ポピュリズムといわれた小泉首相が登場した事例がある。

	任期	議員定数	選挙制度	被選挙権
衆議院	4年（解散の場合は短縮）	465人	小選挙区（289人）、および全国11ブロックごとの比例代表（176人）との「並立制」	満25歳以上
参議院	6年（3年ごとに半数改選）	248人	都道府県を単位とする選挙区（148人）、および全国を単位とする比例代表（100人）	満30歳以上

図表4－5　衆議院と参議院の比較
（注）定数は2020年現在。
（出所）村上2018：47図表1－1

選挙制度の特色――ポピュリズム発生の可能性

ここでは、選挙制度とポピュリズム発生の関係と可能性をみてみたい。日本の場合、国会については、衆議院と参議院の二院制を採用しており、その選挙制度は、どちらも選挙区と比例の組み合わせである（図表四―五参照）。衆議院の場合、小選挙区比例代表並立制と呼ばれ、小選挙区制（一人区）の定数が比例の定数より多いので、獲得議席は最大政党に特に有利に出る傾向がある。一方、参議院は、都道府県単位の選挙区（一人区と中選挙区の選挙区）と比例の組み合わせで、三年ごとの半数改選と選挙が定期的に行われる。

この衆議院の小選挙区比例代表並立制が、以前の中選挙区に比べると日本の政治を大きく変えたといえる。すなわち小選挙区の定数が比較的多いため、各政党の得票率と獲得議席数の乖離が大きくなった。現在の政権与党である自民党の得票率は、選挙区でも比例でも過半数には達していないが、議席数では、いつも過半数を超えて自公で三分の二に達するほどの多数派を形成している。

このように、衆議院の小選挙区比例代表並立制は、比例の議席が少ないため、その実質は「多数制」といえる。「多数制」とは、有権者の意思に基づいて政権に責任を持つ多数派を形成することを重視する仕組みである。また、小選挙区制部分では、もともと得票率が低いポピュリズム政党は議席を得るのが難しくなる。たとえば、イギリスのポピュリズム政党であるEU離脱党（ブレクジット党）は小選挙区制のイギリス国会の議席はないが、比例である欧州（EU）議会では二〇一九年選挙で議席を伸ばし躍進している。

ただ日本では無党派層が多いので、[8] 過去の政権交代や「維新」躍進が示すように、無党派層の動きは日本政治に大きな影響をしばしば与える。すなわち、小選挙区があるのでポピュリズム政党は伸びにくいが、無党派の動き次第ではポピュリズム躍進もあり得るといえる。

他方、「比例制」は、有権者の意思を受けた複数の政党が交渉を通じて多数派を形成する仕組みである。[9] もし日本が比例のみの国政選挙であれば、選挙後に連立交渉がスタートし連立政権ができるのが普通である。おそらく自民で過半数を得ることができず、公明党や「維新」またはその他の政党も含めた連立政権になるであろう。そして、比例では得票率に応じて議席が配分されるので、比例選挙が多い欧州各国の状況をみても分かるように、創設当初は少ない得票率になりやすいポピュリズム政党も国政に参入しやすい（第5・6章参照）。実際、日本でも次に詳しくみる二〇一九年参院選の比例では、山本太郎率いる「れいわ新選組」が登場したし、「N国党」のシングル・イッシューの政党も登場している。

4　安倍政権と二〇一九年参院選——ポピュリズム政党の登場

安倍政権とは?——安倍一強の影響

民主党政権時代（〇九年九月～一二年一二月）は、二〇〇八年のリーマン・ショック後の経済がいっこうに回復せず、かつ東日本大震災や福島原発事故で適切に対応できなかったため、結果的に民主党政権への国民の評価は低くなったといえる。

これに対して、一二年一二月の民主から自民への政権交代後の第二次安倍政権（一二年一二月～二〇年八月）への評価は、比較的、高かった。その理由は、なんといってもアベノミクスという経済政策を打ち出し、金融緩和による円安誘導で輸出企業を中心に業績が回復して日本経済が好転をみせたからである。また安倍政権は、人口減少に伴う地方創生や働き方改革など、官邸主導で次々と新たな政策を打ち出す傾向があった。さらに、森友・加計学園問題など国民の信頼低下につながる出来事も起きたが、世論を二分する中で集団的自衛権を一部容認した安全保障関連法や特定秘密保護法を成立させている。

すなわち政権運営については、野党側の弱さもあって「安倍一強」といわれるほど強いリーダーシップを発揮した。小泉政権後から民主党政権誕生まで短命政権が続き、国民の政権への不満が高まったのに比べると、政権が安定したことは安倍政権の良い面であった。ただ、この安定感と力強さは、先ほどの集団的自衛権の一部容認など世論を二分する中での決定もあって、反対派の人々にとっては独善的に見えたであろう。ところで、この「安倍一強」と言われるように首相の力が極端に強くなった理由としては、次のこともあげられる[10]。

一つ目は、衆議院での小選挙区制導入で自民からは選挙区に一人しか出馬できなくなったのに、党公認権について、実質上、党首たる首相の影響が大きいことである。これが、首相が党内で力が強くなる理由である。

二つ目は、官僚の幹部の人事権を内閣人事局(二〇一四年創設)が握ったことである。すなわち、政策決定を官僚主導から政治主導に変えるため、内閣が府省庁の幹部人事(審議官クラス以上)を掌握したことが、政府内部で首相の力が強くなる理由である。

以上の二つの理由が相まって、党内でも政府内部でも安倍首相・官邸へのイエスマンが多くなったという。この結果、「忖度」という言葉が安倍政権でよく聞かれるようになった。ということは、我が国の議院内閣制で反多元主義的なポピュリズム政党が政権を取ったら、当然、政府内・政党内では独裁的になる恐れがあるといえよう。

二〇一九年参院選と「れいわ新選組」躍進

二〇一九年七月二一日、安倍政権の七年目に第二五回参院選が行われた。選挙期間中、安倍首相は、先延ばししていた消費税増税の一九年一〇月実施を明言し憲法改正も唱えたが、選挙は盛り上がらず、それは四八・八％と過去最低の低い投票率として現れた。選挙結果は、自公が勝利したものの、憲法改正に必要な三分の二の議席までには届かなかった。

ところで、得票率で議席を配分する比例全国区を有する参院選は、ポピュリズム政党にとっては議席確保のチャンスである。今回の参院選は、それが如実に現れた選挙となった。

山本太郎が立ち上げた「れいわ新選組」（以下、「れいわ」と呼ぶ）は、政党の中で最もツイートが多くなるなどＳＮＳを駆使し、消費税廃止と政府のさらなる財政出動など「反緊縮」を前面に打ち出す主張が話題を呼び、全国各地での街頭演説やインターネットで募った寄付も多額となった。この寄付額に応じ候補者を擁立するとし、最終的に比例で九人の候補者を立てることになる。[11]

山本太郎らは日本社会で強まる同調圧力への抵抗を訴え、現在の政府や政治エリートを批判しつつ、「こんな死にたくなるような社会、変えようよ」と弱い立場の人々に「決起」を促し共感を呼ぶ。ここで、山本の街頭演説をみてみよう。それは、「あなたの生活が苦しいのは、あなたのせいにされていませんか。あなたが役に立たないからとか、あなたが勉強してこなかったからだとか。冗談じゃない。自信を奪われているじゃないですか、みんな。自己責任？　違う。国がやるべき投資をやってこなかったから」[12]というものだった。すなわち九〇年代の新自由主義浸透で日本社会に広がったとされる「自己責任論」[13]を否定し、国にこれまでの対策を問うものだった。そして選挙結果は、二二八万票を獲得して、重度障がい者の候補者二人が特別枠で当選する。山本は九〇万票を集めるものの、この二人に議席を譲った形になった。ちなみに「れいわ」の支持

・消費税は廃止 ・安い家賃の公共住宅を拡充 ・奨学金チャラ ・全国一律最低賃金 1500 円 ・公務員を増やす ・1 次産業への戸別所得補償 ・防災庁を創設 ・公共投資は防災対策、水道、鉄道などに積極的に支出	・1 人あたり月 3 万円のデフレ脱却給付金を給付 ・新規国債の発行、大胆な財政出動、法人税に累進制導入 ・日米地位協定の改定、辺野古基地建設は中止 ・TPP 協定、カジノ法、秘密保護法、派遣法、安保法など「トンデモ法」の一括見直し・廃止 ・原発即時禁止、東電原発事故被災者への支援継続・拡充

図表 4－6 「れいわ新選組」の公約（2019 年参院選）
（注）朝日新聞 2019 年 7 月 3 日掲載の主な政党の公約より作成。

層は四〇代が二九％（JNN出口調査）と多く、九〇年代の就職氷河期の時期のロスト・ジェネレーションいわゆるロスジェネ世代（第7章2参照）の支持を獲得したと推測される。[14]

「れいわ」の公約は、図表四―六のとおりである。これを見ると「れいわ」は、「消費税は廃止」のほか「奨学金チャラ（給付型に移行）」、「一人あたり月三万円のデフレ脱却給付金」や「一次産業への戸別所得補償」など再分配政策重視の政策がメインで、その政策は「大きな政府」論であり、「左派」に属するといえる。また、「新規国債の発行、大胆な財政出動」の公約は、米国・民主党のオカシオ＝コルテス下院議員、英国・労働党のコービンら欧米で活発化する「反緊縮左派」と重なるといえる。[15] 山本太郎の橋下徹に負けない大衆の感情に訴える演説をみると、ついに、「維新」という右派ポピュリズムに対抗しえる左派ポピュリズムが登場したといえ、今後の展開が注目される。

5　主要政党とポピュリズム政党の特色——右派・左派とは？

右派・左派という呼び方は、フランス革命時代に議場で王党派が右側、自由主義的な市民派が左側に座ったことがルーツとされる。これが一九世紀欧州においては、資本家（財産を持つ者）と労働者（持たざる者）の対立を意味するようになった。二〇世紀の中頃には資本主義国家と社会主義国家の「冷戦」にまで激化し、資本主義国の内部でも多元的な政党システムを生み出した。各国で違いはあるが今でも保守系が右、リベラルが左という感じである。

社会主義体制の多くの国が崩壊した今日でも、資本主義国では労働者（労働組合）と経営者が協調しながら対抗・対立するし、リベラルな人々と権威主義的な人々がいるので、左右の立場の違いはかなり残っている。すなわち、政治認識に左右の軸を用いるメリットは、まだ十分あるといえる。そこで、この左右の考えに基づき、まずは日本の主要政党のポジションについて（二〇一九年末現在）、政策と政治思想を基準にして現すと図表四―七のようになる。

横軸は、政策について、「大きな政府」論か「小さな政府」論かである。これは、政府と市場のどちらを重視するかということである。左派は政府重視の「大きな政府」論で、再分配を重視し、政府が福祉の充実や経済への介入すなわち積極的な経済政策によって人々の間の公平と平等を実現しようとする。一方で、右派は市場重視の「小さな政府」論で、財の配分や行政サービス提供について市場を通じて行うことを重視し、規制緩和を進め政府の役割を小さくしようとする。

縦軸は、政治思想ともいえるもので、「多元主義」か「権威主義」かで、人々の自由や多様性と、政府やリーダーの権威とのどちらを重視するかである。ナショナリズムと重複する右派は、本来、人々や国家は、こうあるべきだという感じで多元主義的ではなく権威主義的といえる。[16]

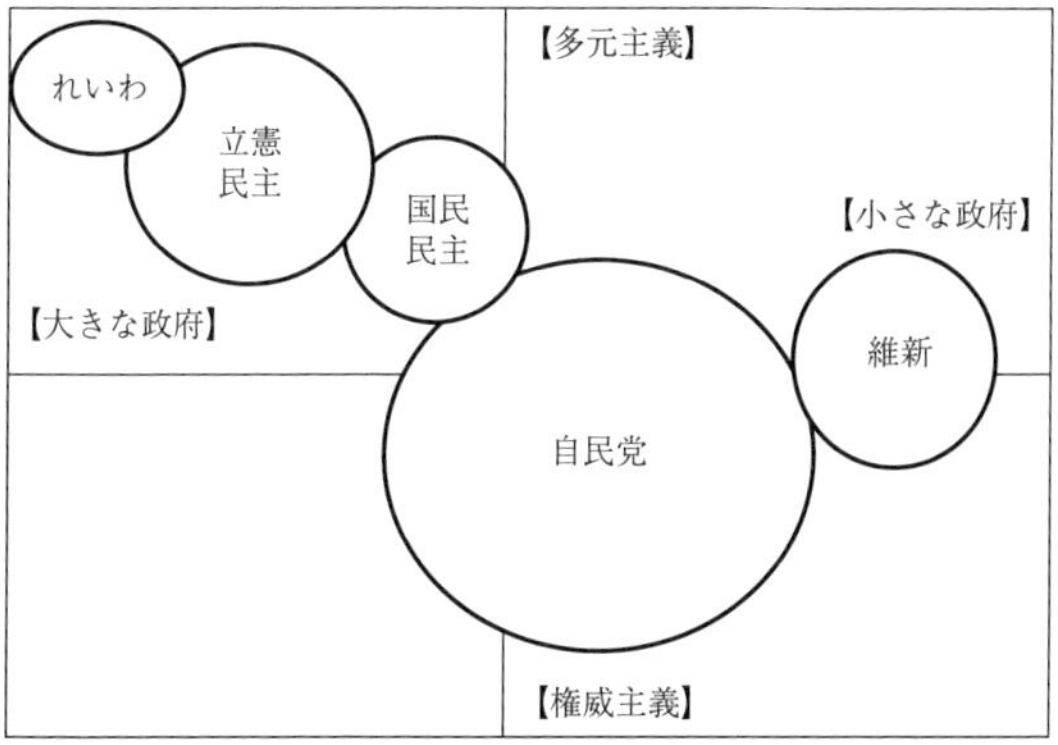

図表4－7　各政党の政策・政治思想(左派・右派)からの位置
(注1) 村上 2018p115図表5－1を参考に筆者作成。
(注2) 2019年末時点で作成。政策・政治思想から右派・左派のポピュリズム政党も含めた代表的政党として「れいわ、立憲民主、国民民主、自民、維新」の5党のみ掲載。

	1位	2位	3位
自民	景気（63%）	地方（49%）	社会保障（41%）
公明	復興（90%）	景気（67%）	子育て（57%）
立民	社会保障（70%）	景気（43%）	子育て（35%）
国民	社会保障（64%）	景気（52%）	子育て（48%）
共産	社会保障（84%）	消費税（82%）	憲法改正（50%）
維新	教育無償化（62%）	行政改革（57%）	社会保障（33%）

図表4－8　2019年参院選・各党候補者のあげた争点
(注) 318人の候補者が3つあげた争点の結果。
(出所) 読売新聞2019年7月13日。

	賛　成	中　立	反　対
自　民	34%	42%	24%
公　明	35%	65%	−
立　憲	90%	10%	−
国　民	70%	30%	−
共　産	100%	−	−
維　新	40%	33%	27%

図表４−９　2019年参院選・各党候補者の女性天皇の賛否
（出所）朝日新聞2019年7月18日。

図表四―八のように、一九年参院選の候補者の優先的な政策をみると、野党が社会保障を一位にあげ再分配政策重視で「大きな政府」論なのは明らかである。ちなみに自民党は一九八〇年代の中曾根政権時代（八二〜八七年）に、地方・経済界中心から都市部サラリーマンを意識した政策つまり新自由主義の「小さな政府」論にシフトするなどし、その後、包括政党を目指しているといえる。小泉政権では構造改革という名の下、規制緩和をより進めた歴史を持つが、安倍政権では、非正規の同一労働同一賃金や働き方改革など、まるで野党側が主張するような左派的な政策まで取り込もうとしている。

あと、政治思想面（図表四―九参照：女性天皇の賛否）をみると、自民、維新は女性天皇反対が一定数あり、保守的・ナショナリズム的で権威主義といえる。ただ「維新」の公約には同性婚容認があり多元主義的でもある。一方、野党は、女性天皇反対はゼロで多様性を重んじる多元主義である。

以上をみると、図表四―七のように各政党は位置付けられる。どちらかというと、自民党は中道から右派まで幅広くカバーしているが、近年、タカ派色が強くなっている。一層の行政改革や規制緩和を唱える「維新」のポジションは包括政党の自民に比べ「小さな政府」論に近く（ただ教育無償化など「大きな政府」論的なものもある）、図表四―九を見る限り政治思想的には自民に近いが同性婚を認めるなど多元主義的側面も持つといえる。

立憲民主は、九条をめぐる主張をみても、いわゆる護憲派で従来の中心的な左派である。国民民主は中道左派といえるが、憲法改正の容認派で中道右派の面も持つ。そして「れいわ」は、再分配政策を特に重視し政策的には共産党に近く、より左の左派という位置付けである。なお二〇〇〇年九月、立憲民主と国民民主は次期衆院選を視野に合流政党を作ろうとしたが、国民民主の一部議員は合意せず国民民主として残ることになった。この経緯は、国民にはまたもや選挙目当ての離合集散と映り、新たな合流政党である国民民主党の支持率も伸びていない。

6 日本政治の全体像——得票率からの分析

右派、左派グループの状況

マスメディアは獲得議席数で圧勝とか大敗と、よく報じるが、大幅な議席の増減は、小選挙区という選挙制度の影響が大きく、各政党の盛衰を冷静に分析するには、比例の得票率が参考になるといえる。(17) そこで、民主党への政権交代が起きた二〇〇九年衆院選も含め、有名な小泉政権での〇五年郵政解散総選挙から直近の一九年参院選までの国政選挙について、図表四—一〇のように、右派と左派に分け時系列に比例の得票率をみることにより、日本の国政の全体像をみてみた

	2005衆院	2007参院	2009衆院	2010参院	2012衆院	2013参院	2014衆院	2016参院	2017衆院	2019参院
自民	38.2	28.1	26.7	24.1	27.6	34.7	33.1	35.9	33.3	35.4
公明	13.3	13.2	11.5	13.1	11.8	14.2	13.7	13.5	12.5	13.1
維新					20.4	11.9	15.7	9.2	6.1	9.8
みんな			4.3	13.6	8.7	8.9				
（右派計）	51.5	41.3	42.5	50.8	68.5	69.7	62.5	58.6	51.9	58.3
民主（2016民進）	31.0	39.5	42.4	31.6	16.0	13.4	18.3	21.0		
希望（2012未来）					5.7				17.4	
国民民主										7.0
立憲民主									19.9	15.8
共産	7.3	7.5	7.0	6.1	6.1	9.7	11.4	10.7	7.9	9.0
社民	5.5	4.5	4.3	3.8	2.4	2.4	2.5	2.7	1.7	2.1
れいわ										4.6
（左派計）	43.8	51.5	53.7	41.5	30.2	25.5	32.2	34.4	46.9	38.5
【投票率】	67.46	58.64	69.27	57.92	59.31	52.61	52.65	54.69	53.68	48.79
備考	郵政解散総選挙		自⇒民政権交代		民⇒自政権交代					過去最低の投票率

図表４－10　主要政党の比例代表得票率の推移（単位：％）
（注1）得票率は比例（衆院投票率も比例）のものである。また諸派がいるので、右派・左派合計しても100％とはならない。
（注2）村上2018：182の図表8－1を参考に右派・左派に分けて作成（2019参院、右派・左派計、投票率、備考は筆者追加）。

い。以下、二〇一九年末を基準に考察した。

日本の政党は、「自民、公明、維新」の右派グループと、「国民民主、立憲民主、社民（社会民主党）、共産、れいわ」の左派グループの二つに分けることができる。この二つのグループは当然、政権獲得をめぐって対立している。前者は「保守」、後者は「リベラル」と呼ぶこともある。

右派グループの中の「自民」をみると、毎回ほぼ三〇％前後の得票率で、この基礎票といえる約三割は他党に比べ最も大きい。次は「公明」で約一割である。つまり、低い投票率の中でも自公で四割から五割近くを獲得している。また参議院選挙では、地方の一人区が自民優位に働いており、さらに衆参とも投票率が年々低下傾向で無党派層の動きが影響しにくい。このため、民主から自民への政権交代後、自民は公明と協力して安定的に議席を確保し政権を維持している。ただ得票率をみると、自民は他党に比べ前述したように包括政党になるよう努力している割には、また安倍一強といわれる割には、自民の得票率は政権復帰前に比べ格段に高くなっているわけではない（〇五衆院選三八・二％→一七衆院選三三・三％）。すなわち、公明の自民への選挙協力の貢献が大きいことが分かる。なお「維新」は今でも約一割の得票率を維持しており、右派グループの支持の底上げに貢献している。以上が右派グループの現状分析である。次に、左派グループをみてみたい。

一時期（〇九〜一二年）、政権をにぎった民主党が下野後、現在、民主は「立憲民主」と「国民民主」に分かれたが、戦後民主主義から続く九条などをめぐって思想的対立が根強い。得票率をみると、現在、左派グループの中心である「立憲民主」には護憲派を含め根強い支持者がいるが高齢化しており、得票率は一〜二割で、自民に比べ低く左派グループでの大きな存在となっていない。また中道左派といえる「国民民主」への支持（一九年参院選七％）は、広がりを見せていない。すなわち自民の長期政権に批判的な中道または保守のハト派の有権者にとって、本来、受け皿となり得る「国民民主」の支持は伸び悩み、支持率自体もかなり低い。一方、社民と共産は合わせて約一割の得票率を長期間維持している。

ところで、野党への支持が広がらない背景には、民主党政権時の悪影響があるといえる。つまり、かつて中道支持者も取り込んで実現した政権が順調にいかなかったことで、国民特に中道左派や中道右派の人々の野党への政権担当能力への不安感が未だに続いている。

このような「国民民主」の広がらない支持と、左派の中心の「立憲民主」の得票率の低さが、左派グループの不安定感の原因でもある。なお、新たに登場した「れいわ」は、得票率を見る限り、他の左派政党の支持者を取り込んでいるように見える。つまり「維新」のように自派のグループの支持者の底上げにはつながっていない。

あらためて現状を考える――政権交代の可能性

ここで、改めて、〇九年の自民から民主への政権交代の頃から現在（二〇一九年末）を考えてみたい。実は、〇九年に政権交代を果たした民主党（現在の立憲民主、国民民主）の支持基盤は、それほど強くなかった。最大の支持団体である労働組合の「連合」でさえ、公明党の母体の創価学会と同じ程度の規模で、かつ動員力は劣っていた。ただ民主党は、それに加え、松下政経塾出身者など中道・穏健保守の政治家や官僚および弁護士、専門職などのリベラル派市民をリクルートしていた。言い換えれば中道右派・左派まで幅広く取り込んだことが功を奏して、民主党は八〇年代の社会党が得ていた二〇％の得票率を超えて四二・四％（〇九衆院選）となり、小選挙区制の定数が多いという厳しい環境の中、「消えた年金」記録問題を追い風として政権交代を、やっと実現したといえる。[18]

一方、自民の敗因は、小泉政権での規制緩和や公共事業削減によって農協や建設業の自民への選挙協力がなくなったことに加え、「平成の大合併」で地方議員が大幅に減って選挙運動で自民の手足となる人が減少したことが大きかったとされる（大嶽2020：106）。

では、近年の状況をみたい。先ほど、右派、左派グループの現状分析を試みたが、結局、自民と公明で、四割から五割近くをコンスタントに獲得しており、これは小選挙区でも力を発揮し、低い投票率と相まって自公は多くの議席を獲得し政権を長く維持している。この点について、村上弘は、「四割程度（自民＋公明）の相対的多数による政治は小選挙区制では可能であるが、六割が支持しないのに多数派といえるのか」という主旨の問題提起をしている（村上2018：152）。ただ、右派グループ全体でみると、二〇一二年衆院選すなわち政権交代以降、得票率は六割ほどである。ということは、日本政治における右派支持者の多さを自公連立政権は、ほぼ反映しているともいえる。なお、この比率は、日本においては、格差肯定論者が欧米に比べ多く全体の三分の二という見方（橋木2018：163）と整合性がある。これは、小泉政権以前の九〇年代後半から広まった「自己責任論」が影響しているのかもしれない。

いずれにしても、現在の日本政治のように必要に応じて政権交代が起こり得ない政治は、本当の緊張感は乏しく好ましいことではなく、かつポピュリズム政党が参入する余地を与えることになる。野党側も国会の場では、政権批判に終始するのではなく政権担当能力を示すような政策論争を見せてほしい。すなわち、政権交代可能な水準まで得票率を伸ばすには、今後、左派グループは政権担当能力をアピールする必要があり、そのためにはアピールできる経済政策や外交・安全保障の政策案を打ち出すことが重要である。また衆議院の小選挙区では野党の候補者の一本化は必要であるので、結局、野党は、理念や政策の違いを超えた、現在の自公のような連立の知恵を身につけないといけないであろう。

7　新型コロナウイルスとポピュリズム台頭の可能性

二〇二〇年の状況――安倍政権から菅政権へ

二〇二〇年一月、中国武漢で新型コロナウイルス（以下、「新型コロナ」と呼ぶ）の感染者が確認され、急速に感染拡大する。中国はロックダウン（都市封鎖）を行い、ウイルスの封じ込めに成功する一方、新型コロナは世界に一気に広がりパンデミックとなった。発生からほぼ一年たった二〇二一年一月一四日現在、世界で九二四一万人が感染し死亡者が一九八万人に及び（ジョンズ・ホプキンズ大学集計）、アメリカが最大の感染国となり依然として欧米先進諸国でも猛威をふるっている。

日本をみると、二〇二一年一月一四日現在、三一万人が感染し死亡者が四三〇〇人超に達しており、欧米に比べると少ないが、中国、韓国、台湾に比べると格段に多い。ここで、日本の状況を振り返ると、二〇年一月一五日には最初の感染者が発生し、二月はクルーズ船の感染拡大に追われ、三月になって国内で欧州経由と思われる感染が拡大する。そして急速な感染拡大に伴い、四月七日に国が東京都など七都府県、そして一六日に全国に緊急事態を宣言する。各知事は不要不急の外出自粛や飲食店などへの休業要請も行った。中国のような強権的なロックダウンでなく、自粛要請という形で国民への行動変容を求め、最終的には、感染者数が少なくなった五月末に宣言が解除されている。

このような中、安倍政権による新型コロナ対策は必ずしも順調ではなかった。二月末には、唐突に全国の小中高校と特別支援学校に一斉休校を要請し教育現場に混乱をもたらし、マスク不足対策としての布マスクの全国民配布いわゆる「アベノマスク」は不評で、かつ配布は著しく遅れた。また、国民への一〇万円給付も大幅に遅れ行政のデジタル化が進んでいないことが露呈し、さらに、中小企業への持続化給付金も委託業者選定の不透明さが問題となるなど、国民の政府への不信を招くことになった。国の新型コロナ対策については、「後手・後手」という批判が多くなって、高めの安倍政権の支持率も低下し始めた。

ちなみに、今回の新型コロナでは、国に先駆けて独自の非常事態宣言を発した北海道の鈴木知事や、同じく国に先駆け独自の警戒基準など矢継ぎばやに対策を打ち出した大阪府の吉村知事（維新）、さらに事業者の休業要請や「ＧｏＴｏトラベル」をめぐって、国と連携というより対立的にみえた小池都知事など、新型コロナ対策で存在感を発揮する知事が出てきた。また、新型コロナ対策で現場に即した要望を国に突き上げる形になった全国知事会は、存在感を久しぶりに発揮したといえる。

第一波がおさまった後、二〇年七月からの第二波（九月頃減少）となるが、国は新型コロナ対策として、六月には予備費を異例の一〇兆円を計上する大規模な補正予算を組むことになる。このような中、安倍首相は二〇年八月末に体調不良を理由に辞意を表明し、九月に菅首相誕生となる。すなわち、七年八か月にもわたった安倍長期政権は終了する。早速組閣した菅内閣は、「国民のために働く内閣」を掲げ、当面、新型コロナ対策に加え、行政のデジタル化を一元的に進める「デジタル庁」の創設や行政改革・規制改革などに取り組むとした。

また感染対策と経済をいかに両立させるかが課題となったが、観光業や飲食業などサービス業を中心に外出自粛などで経営が苦しくなり、二〇二〇年のほぼ一年間で飲食業などで約九〇〇件の倒産があったほか、解雇や非正規の雇用止めなど、いわゆる「コロナ失業」は一年間で八万人が失業するなどして生活に困窮する人々も多く出てきた。そして国は二一年度当初予算もコロナ対策を組み込み、赤字国債を財源とした一〇五兆円と、かつてない多額な予算となった(19)。

二〇二一年の状況と支持率――高まるポピュリズム的意識

二〇二〇年一一月、第三波が始まり、二一年に入って感染は急拡大し、一月七日、首都圏の四都県に二回目の非常事態宣言を国は発した。三月下旬に、リバウンドが危ぶまれる中、感染者が少なくなり解除された。この新型コロナの完全なる収束がいつになるかは不透明で、結局、真の感染収束は、ワクチン接種による集団免疫獲得に頼らざるを得ない状況といえる。ちなみに、日本ではワクチン接種は医療従事者を中心に二〇年二月下旬にスタートし、政府は七月末にはまず、高齢者への接種を終えることを目標としている。

支持率をみると、安倍政権でも新型コロナ禍では低下傾向だったが、菅政権でも、二〇年秋からの第三波で医療崩壊がいわれ始めた一二月には、政府の新型コロナ対策への国民の不満も著しく高まり、当初七〇％台という高い支持率は急落して四五％（読売新聞）となり、二一年一月は三九％（読売新聞）で不支持四九％と支持と不支持が逆転し、その低下傾向は変わらなかった。その後は、感染状況が改善すると支持率が上がるなど、支持率は感染状況次第という状況である（二一年五月七〜九日現在、支持率四三％：読売新聞調査）。

ちなみに二〇二一年の日本政治の最大の注目点は、衆院解散総選挙がいつ行われるかである。任期満了が一〇月二一日なので、「追い込まれ解散」とならないよう、八・九月の東京オリンピック・パラリンピックを見据えながら、いつの解散が有利か、菅首相は虎視眈々というところであろう。

ところで気になることは、菅政権の支持率低下に伴って野党の支持率が上がるという現象がおきていないことである。むしろ「支持政党なし」という無党派層が増加している。この傾向は、政党より新たな政治リーダーに期待するという傾向とも読み取れる。新型コロナをめぐって、かつてなく時の政府や政治への国民の不満が高まっていることが分かる。

この不満は、一つ目は、政治リーダーに対するリーダーシップ不足に対する不満として、二つ目は、自分たちの苦しい生活への支援や政策が不十分だという不満に、大きく分けられる。つまり、これらの不満は、「政治家は自分のことしか考えておらず、国民のことは真剣に考えていない」という国民のポピュリズム的意識（ミュデ／カルトワッセル2018：本書第6章2参照）につながる恐れがある。たとえば、非常事態宣言が出された第一波のとき、安倍首相がホームスティ推奨のため自宅のソファーでくつろぐ様子をSNSに投稿したり、第三波の中で国会議員が会食を頻繁に行うなどして、政治家が一般国民のことが分かっていないという不評を買っている。

先ほどの国民のポピュリズム的意識が著しく高まると、一つ目は権威主義的な右派ポピュリズムを、二つ目は格差是正の左派ポピュリズムを、招き寄せてしまう恐れがある。そのため、新型コロナ禍そしてアフター・コロナが厳しい社会経済であったり所得格差の是正が進まないと、このようなポピュリズム的な政治リーダーやポピュリズム政党が日本でも大きく伸長する可能性が出てきたといえる。

注

（1）ただ、地方全体の利益を重視する首長と個々の選挙区や有権者の利益に傾きがちな地方議会という背景があるため、一九九〇年代以降に分権化が進むとともに多くの自治体が財政危機にみまわれたことで、首長と地方議会の対立が増加しているという指摘（曽我・待鳥2007）もある。

（2）北村・青木・平野2017：32。

（3）曽我2019：44,45。

（4）非拘束名簿式比例代表制とは、具体的には、政党が作成した候補者名簿の中から有権者が当選させたい候補者を選び投票し、ひとつの政党の中で多くの票を得た候補者から順位をつけて、配分された議席に応じて議員を決めていくという方法（砂原2015：220）。

（5）曽我2019：48一部参照。

（6）以上、北村・青木・平野2017：30,31。なお、自治体議会の現状や課題、改革案は辻2019が詳しい。

（7）村上2018：45。

（8）無党派層は、小選挙区を導入した一九九四年頃から急増し今や四～六割に達しているといわれる。その原因は、有権者の「政党帰属意識」や「社会的ネットワーク」が弱まったこと、九〇年代からの政党再編の混乱によって既成政党への失望が広がったことなどが原因とされる（村上2018：67,68）。

（9）以上の多数制と比例制の説明は、砂原2015：217。
（10）次の二点は、石原信雄・元内閣官房副長官へのインタビュー記事（朝日新聞二〇一九年一一月二三日「官邸の力強くなりすぎた」）も参照。なお現在の自民党政権の状況については、中北2017,2019が参考になる。
（11）以上、二〇一九年七月参院選関連記事を参照。
（12）朝日新聞二〇一九年七月二七日「悩みかかえ、れいわ支持」。
（13）伊藤昌亮は、日本社会が一九九〇年代後半以降、新自由主義的価値観に基づく行政・経済制度・司法制度の改革を進めた結果、リスク、自己責任、ガバナンス、コンプライアンスといった新しい語彙が広まり、やがて日本人はこれら新自由主義的な思考を内面化したという（「自粛警察と新自由主義」『中央公論』二〇二〇年八月号）。
（14）以上、「れいわ」関連記事参照（たとえば宮崎日日新聞二〇一九年七月二七日「れいわ弱者視点、政権警戒」など）。
（15）実際、山本は自ら「れいわ」の公約は「大きな政府」論だと発言している（BS・TBS「報道一九三〇」二〇一九年八月五日放送にて）。「れいわ」が反緊縮左派という点は、朝日新聞二〇一九年一〇月一一日「いまなぜ反緊縮」など参照。
（16）以上、5のここまでは、村上2018：114-116参照。
（17）比例の得票率によって分析する方法は、村上2018：181,182を参考にしたが、ここでの右派・左派に分けての分析内容は、筆者独自のものである。
（18）村上2018：183。
（19）以上、関連の新聞記事を参照。7については、主に新聞記事で事実を整理している。

Ⅱ　世界のポピュリズム

第5章
世界のポピュリズム

本章では「世界のポピュリズム」と題し、ポピュリズムのルーツからトランプ大統領も含め、近年の欧州全域で広がるポピュリズムまでを、歴史を追ってみてみたい。さらに、世界歴史的な視点から、現在はポピュリズム第三波ということも提示したい。本書後半のテーマが、「ポピュリズムへどう立ち向かうか」というものなので、ここで海外のポピュリズム台頭の歴史を振り返ることは、読者にとっても大いに役立つと考える。

1　ポピュリズムの源流と南米ポピュリズム――南米での独裁の登場

米国・人民党とペロン大統領

ポピュリズムという政治現象の源流は二つあるとされ、一つ目は、一九世紀末のアメリカにおける農民が人民党を結成して展開した大衆的政治運動で、二つ目は、一九三〇年代から五〇年代のラテンアメリカにおける政治リーダーによる権威主義的な政治指導である（大嶽2003：111）。そこで、この二つを詳しくみてみたい。

まず一つ目の源流は、ポピュリズムという言葉の由来ともなった一九世紀末アメリカの「ポピュリスト党」（人民党）である。農業不況や土地購入・機械化などで多大な債務を抱えたアメリカ西南部の農民による政治運動で、その要求は債務軽減や鉄道会社の独占規制などであった。その構図は、「人民」をヨーロッパ人の子孫である自由で独立した農民ととらえ、「良き田舎の農民と、腐敗した都市の銀行家や政治家との対決」（ミュデ／カルトワッセル2018：40）というもので、この背景には、経済界と癒着する政界人に対する農民の不信感があった。そして、この政治運動は当時の二大政党に収まらず、ポピュリスト党という第三党の結成につながり、これはアメリカ政党史のなかで画期的な出来事であった[1]。

次に二つ目の源流である一九三〇年代から五〇年代の南米のポピュリズムをみてみたい。これは、一九三〇年代の世界大恐慌（二九年）の結果、都市化が進む一方、第一次産品の輸出が激減したのが契機であった。また、南米すなわちラテンアメリカは、長く広くポピュリズムが発生しており、ポピュリズムにとっては伝統的ともいえる地域である。その理由は、農業や鉱山業の植民地経済をルーツとする著しい社会経済的不平等と、大統領制という民主的支配が、同時に長期にわたって存在したからである[2]。

ここでは、有名なアルゼンチンのファン・ペロン大統領（四六～五五年、七三～七四年）を取り上げたい。ペロンは軍人で、クーデターによって一九四〇年代に政権につき五〇年代まで続いたほか、七〇年代に一時期、亡命先から大統領に返り咲いている。従来の植民地経済にルーツを持つ寡頭制支配を否定し、体制の外にいた貧しい労働者大衆の利益を擁護する労働政策を実行するとともに、外国資本の排除と国営企業化によって外国資本に支配されていた経済の工業化に力を入れた。すなわち、国民国家の経済的自立を目指すナショナリズムでもあった。またペロン自身がナチズムに影響された元軍人で、かつ国内大資本と結びついたので、労働者を利用した独裁と批判されたり一種のファシズムと解されることもある。このペロンに独特の輝きを加えたのが、妻のエバ・ペロンである。もともと女優でスピーチがうまかった彼女は、「エビータ」の名前で国民から親しまれた。死して今もなお、映画やミュージカルになっており、ポピュリズムの持つ大衆性を象徴的に示す女性である。(3)

現代の南米諸国のポピュリズム――ベネズエラの独裁を例に

ポピュリズムの歴史が古い南米では、二〇〇〇年に入っても急進左派ポピュリズムが台頭し、なかには、ボリビアのモラレス大統領(〇六～一九年)のように独裁政権に転じた例もある。ここでは、ベネズエラのウーゴ・チャベス大統領(九九～一三年)をみてみたい。

南米諸国では軍事クーデターがよく起きていたが、七〇年代までは模範的な民主主義国家とみなされていたベネズエラで、中道右派のペレス大統領が緊縮財政改革を実施した九二年、チャベスは軍事クーデターを試みるが失敗する。チャベスは投獄され、釈放後、政治活動をスタートする。そして九八年一二月の大統領選で勝利したのち、国を改革するとして国会の二院制を一院制に変え、その後、社会主義的政策を訴え、チャベス派に染まった国会を用いて、農地改革を断行し小農民に大土地所有者の土地を配分したり、貧困層の医療費を無料化するなどした。

これに対し従来の支配層や富裕層からの反発は強く、ベネズエラ社会は分断が進みチャベス政権への反政府運動が起き、軍部も同調し〇二年四月には、軍事クーデターが起きるが失敗する。さらに〇二年一二月、反チャベス派は無期限のゼネストを行い経済が疲弊したため、反チャベス派は多くの国民の支持を失ったともされる。

反チャベス派主導で実現した〇四年の大統領不信任の国民投票が否決されると、チャベスは反チャベス派の弾圧を行う。これに反発した反チャベス派が〇五年の国会議員選挙をボイコットすると、逆にチャベス派で占められた国会を利用して、チャベスは独裁体制を目指すことになる。すなわち国会は最高裁や検察、選挙管理委員会のポストの任命権を持っているため、チャベス派による各権力の支配がなされた。そして〇九年二月の国民投票を経て、大統領の無期限再選を実現する憲法改正が行われ、独裁政治が完成する。ただ、その独裁化へのプロセスは、選挙などを通じて民主的に行われたものでもあった。世界的にチャベスを有名にしたのは反米路線で、一三年、彼がガンで死亡すると、その葬儀には南米諸国など多くの各国首相、大統領が参列した。[4]

このように、チャベス大統領は、大企業や富裕層を利己主義的な「資本主義オリガルキー（エリート）」と呼んで階層対立をあおり、貧困層の怒りをみずからの支持拡大に利用する典型的ポピュリストの政治スタイルをとった（坂口2021：20）。また当時の南米諸国のポピュリストは、社会主義とポピュリズムを組み合わせることで、排除され差別されてきた全ての人々という「汚れなき人民」の包摂的な概念を生み出している（ミュデ／カルトワッセル2018：53）。

チャベス死後のベネズエラの政治は混迷を深めている。後継者のマドゥロ大統領（チャベス大統領の時の副大統領）は反米路線をとり社会主義的政策を行ったが、反対党の右派連合が国会で多数派を占めるという「ねじれ」が生じる。そして二〇二〇年一二月、国会議員選挙でマドゥロ政権の与党が野党ボイコットの中、過半数を獲得したが投票率は三一％と低かった。このように政情は安定せず、人々の生活は悪化するばかりである。もともとベネズエラは、世界一の原油埋蔵量を誇る国で、原油収入に依存した社会主義的な政策が多かった。原油価格の不安定が続いているが、日頃から原油収入に依存しない産業振興が必要だったのに、それを怠ったツケが現在の経済ひいては政治の混乱を招いている。今でもベネズエラは今後どうなるか予測不能という混乱ぶりである。[5]

2　米国・欧州のポピュリズムの歴史——一九八〇〜二〇二〇年頃

新自由主義的ポピュリズムの登場——一九八〇年代

第二次世界大戦後から一九九〇年代にかけては、アメリカとソ連の対立を軸とする東西冷戦とその余波の中で、欧州特に西欧の政治は中道右派と中道左派の政党間で繰り広げられていた。このような中、米国・欧州では新たなポピュリズムが登場し、その内容は先ほどの伝統的ともいえる南米のポピュリズムと比べ大きく変容していた。

一九七〇年代以降、先進諸国においては安定した経済成長が終わり、景気低迷に陥っていた。このとき、市場原理・競争原理を重視して規制緩和を進め政府の役割を見直す「小さな政府」論、すなわち新自由主義と結びついたポピュリズムが登場する。それは、二〇世紀型福祉国家を批判し、労働組合など既得権益グループと対立するものであった。この新自由主義的ポピュリズムの代表例としては、イギリスのマーガレット・サッチャー首相（七九〜九〇年）とアメリカのドナルド・レーガン大統領（八一〜八九年）があげられる。両者は、新自由主義政策と、国家・故郷・家族重視などの保守主義が結びついた「新保守主義」を提唱した。

ところで、両者の新保守主義がポピュリズムだという見方には、政治学者以外は違和感を感じるかもしれない。しかし、それまでの政治が、一定の層たとえば経済界（経営者層）や労働組合（労働者層）の代弁者として利益配分の調整を行うのが常であったのを、両者は、これらの層を既得権益層として批判しつつ一般の人々という広い社会層にアピールして主導的に政治を行う新たな政治スタイルを打ち出した。この点で、ポピュリズムという範疇に入るということである。これを、次に詳しくみたい。

戦後、福祉国家を目指し労働組合の力が大きくなっていたイギリスは、産業の国際競争力が低下して経済の低迷いわゆる「英国病」になっていた。このような厳しい状況を、サッチャー首相は、国有企業の民営化を進め法人税の減税や規制緩和など新自由主義の「小さな政府」論によって打開した。また同じくインフレと不況にあえぐアメリカで、レーガン大統領は、公共事業で景気回復を図るニューディール政策以降の「大きな政府」論によって作られた既得権益を批判する。レーガンは、減税、規制緩和、民営化によって市場経済の活性化を図る「小さな政府」論を推進するとともに、冷戦下であったため反共主義とナショナリズムそしてキリスト教原理主義も提唱した。

ちなみにサッチャーは、庶民出身でありながら保守党であるというアウトサイダー的資質を用いて、現状に不満を持つ都市部中間層を中心に「普通の人々」「国民」に幅広く訴えかけた。その結果、それまでの労使合意の中で作り上げられてきた福祉国家という戦後コンセンサスを破棄するとともに労働者階級の闘争基盤を分裂・解体することになる(6)。

すなわち、政権側にいながら支配体制の再編成に成功している。これは、ラクラウのいう「支配階級のポピュリズム」に当てはまる。つまり、ポピュリズムは支配的ブロックのイデオロギーに対抗し敵対的選択として始まるのが普通であるが、常に革命的であることが求められるのではなく、ある階級または階級分派が自己のヘゲモニーを主張することで、権力内部で変形して生じることもある(7)。

以上のように政治学においては、サッチャーやレーガンは政権(権力)側によるポピュリズムととらえられ、その政治スタイルが、他の先進諸国の既成政党にも波及していく。

劇場型ポピュリズムの登場――一九九〇～二〇一〇年頃

九〇年代に入ると、先ほどの新自由主義的ポピュリズムを引き継ぐように、かなり刺激的なポピュリズムが登場する。筆者は、これをポピュリズムが劇場型政治を取り入れた「劇場型ポピュリズム」とネーミングしたい。その代表例として、九〇年代から二〇年代にかけてのイタリアのシルヴィオ・ベルルスコーニ首相（九四～九五年、〇一～〇六年、〇八～一一年）とフランスのニコラ・サルコジ大統領（〇七～一二年）があげられる。

この両者の特徴について吉田徹（2011）は、新自由主義政策の採用と、選挙や公約作りにマーケッティングを導入したり国を企業経営のようにマネージメントしようとする「①企業的発想に基づく政治」、自らの生い立ちや経歴などにストーリー性を出そうとする「②物語の政治」、敵を見つけ攻撃することで求心力を高めようとする「③敵作りの政治」だとする（吉田2011：55）。

まず、ベルルスコーニをみてみると、彼はもともと新興企業家であって派手な女性関係や失言でも有名であった。下院議員に当選したベルルスコーニは、政治家の汚職や経済的停滞で国民の政治への不満が大きい中、急遽、新党「フォルツァ・イタリア」（「がんばれイタリア」という意味）を立ち上げて、九四年、政権を獲得する。このとき、既成政党批判で保守票を吸収しつつ「北部同盟」など極右勢力とも連携したが、連立政権の軋轢や年金改革などで批判を浴び、この連立政権は、たった一年弱で終わる。その後、ベルルスコーニは国家を企業としてとらえ「競争力ある民主主義」を標榜し、二度、首相の座に帰り咲いている。

サルコジは、ハンガリー移民二世でフランス政界の異端児とされていたが、二〇〇七年にフランス大統領（～二〇一二年）に就任する。サルコジは自分を「革新者」と呼び、「過去（古いフランス）との訣別」と「改革路線」を提唱して、「より働いて、より稼ごう」をスローガンに、労働者のスト権制限や規制緩和、社会保障費削減といった新自由主義的政策を推進した。世論の動向にも敏感で、移民やグローバル化に対するサルコジの過激な言動は、保守層のほか極右政党・国民戦線の支持層を狙ったものであると同時に、フランス的価値を高揚するものでもあった[8]。

以上の海外のポピュリズムを、我が国に当てはめてみたい。まずサッチャー、レーガンは、行政改革や国鉄・NTTなどの民営化を進め都市部サラリーマン層まで支持を拡大するとともに、政治思想の面では「不沈空母」発言で保守・タカ派とされた中曽根康弘首相（八二～八七年）に当てはまる。次に、ベルルスコーニ、サルコジは、自民党内にも抵抗勢力がいると攻撃しながら「構造改革」の名のもと大幅な規制緩和を進めようとした小泉純一郎首相（〇一～〇六年）に当てはまるといえる。

急進右派ポピュリズムの登場——一九九〇年代後半以降

近年の欧州で台頭するポピュリズムは、すでに八〇年代には、その萌芽を示していた。つまり、そのとき欧州の新しい政治動向として、急進的な右翼（急進右派）ポピュリズムが登場していた。たとえば代表的な政党は、フランスの国民戦線、オーストリア自由党、ベルギーのフラームス・ブロックなどである。そして、冷戦終結後の九〇年代、主要政党の政策が接近すると、他の選択肢としてポピュリズム政党が欧州全域の選挙で徐々に伸長して、九〇年代後半になって初めてヨーロッパの中で問題視される政治勢力となる(9)。

ここでは、オーストリア自由党（FPÖ）をみてみたい。党設立は一九五六年と大変古く、結党時に元ナチ党員や民族主義者などがいるなど極右系の起源を持つ政党である。オーストリアは国民党と社民党（社会民主党）の二大政党が、合意と協力のもとで政権運営する協調民主主義が発達していたが、八六年にイェルク・ハイダーが自由党党首になると、この二大政党を批判し、二大政党制の恩恵に浴さない人々の支持を獲得する。さらに政治感覚に優れたハイダーは、テレビやタブロイド紙などを積極的に活用して反移民などを主張し支持を拡大する。その結果、一九九九年選挙では国民党をしのいで自由党は第二党の座に滑り込み、二〇〇〇年に中道右派・国民党との連立政権に参加している。ただ政権参加で自由党はその政策の柔軟化を迫られ、支持率が低下したほか、自由党出身閣僚の政権担当能力の低さなども露呈し、党内は混乱して二〇〇二年に連立は崩壊する。

その後、ハイダーは離党して、「オーストリア未来同盟」を立ち上げるが、〇八年、自動車事故で不慮の死をとげる。一方、自由党は、移民・難民問題、テロ問題が深刻化して次第に勢力を伸ばし、二〇一七年に二度目の国民党との連立政権への参加となった（二〇一九年五月、連立を解消(10)）。

このように近年、ポピュリズム政党の欧州での勢力拡大が著しく、その中には、政権与党を脅かすものまで出始めている。それはヨーロッパでは、難民・移民の増加、テロの脅威のほか、経済の低迷や移民受け入れに伴う国民の負担増そしてＥＵ（欧州連合）への不満など、社会的不満、不安が高まっているからである。そして、九〇年代後半から主流となっている急進的な右翼ポピュリズムは、①権威主義で厳しく規律された社会への信奉で「治安」の強調、②「移民排斥主義」すなわち国はその土地の集団の構成員（国民）だけ住むべきだ、という二つのイデオロギーが結びついている（ミュデ／カルトワッセル2018：56）。

欧州のポピュリズムをみると、このような状況があるが、よくみると近年、欧州全域に広がるポピュリズムも南北、東西で違う様相もみられる。後ほど詳しく、この点をみてみたい。

3　トランプ大統領登場の衝撃——暴走するポピュリズム

驚きの二〇一六年アメリカ大統領選——トランプ登場

アメリカでもトランプという世界に衝撃を与えたポピュリズム現象がおきる。ここでは、トランプ勝利の原因を詳しくみてみたい。二〇一六年二月、アメリカ大統領選の予備選がスタートすると、共和党の泡沫候補とされ過激発言で有名な不動産王のドナルド・トランプが大躍進する。そして、一一月での本選挙でも民主党のヒラリー・クリントンを破り、ついに二〇一七年一月、アメリカ大統領に就任する。ちなみに選挙結果は、トランプの獲得選挙人三〇六人（得票率四六・〇%）、クリントンの獲得選挙人二三二人（得票率四八・一%）だった。
この驚きの結果となった二〇一六年大統領選の最大の特色は、予備選における政治・行政経験のないアウトサイダーの共和党候補トランプと、民主社会主義を唱える民主党候補バーニー・サンダースの躍進だった。両者とも反エスタブリッシュメントを唱えるという共通性があった。本選に入ると、トランプは、ますますポピュリズム的になっていく。それは、二〇一六年一〇月のフロリダ州での選挙演説での「われわれの運動は、失敗し腐敗した政治的エスタブリッシュメントを、あなたたち、アメリカ人民によってコントロールされた新しい政府に取って代えることが目的なのだ」[11]というトランプの言葉によく現れている。
この反エスタブリッシュメントの背景には、経済のグローバル化による富裕層への富の集中と中間層（ミドルクラス）の縮小があるといわれる。たとえば、上位高所得三%の世帯に全米の富の五四・四%が集中（FRB二〇一三年調査）しているし、一九七一年には上流と下流の合計より中流は一・六倍も多かったのが二〇一五年には中流は全体の半分以下に減っているという。[12]
最終的には、二〇一六年のトランプ勝利は、激戦州だった五大湖周辺のラストベルト地帯（錆びついた工業地帯）の従来民主党支持者だった白人労働者層がトランプ支持に回ったことが大きかった。すなわち、トランプ主張の反移民政策や保護貿易は、産業構造の空洞化で職を失った白人労働者の歓心を買うためのポピュリズム（大衆迎合）だと、しばしば説明される所以でもある。[13]
ところで、トランプ勝利の原因分析でよくある「反エスタブリッシュメントという低所得者の反乱」という分析は、単純すぎるという指摘がある（村上2018：168）。それは、大統領選の出口調査（CNN）の質問「家族の収入と投票先」をみると、収入が低いほどトランプに投票するという傾向がみられないからである。それは、「白人」対「非白人」というアメリカ社会の分断を反映した「共和党」対「民主党」の激しい対立が、影響していると考えられる。

なぜなら、巨大な移民の流入というアメリカ社会の変化によって、「アメリカが消えてゆく」という危機感を強く持つ白人主流の共和党が、過激なアメリカ中心主義（白人中心主義）へ傾いているからである。それは、急進右派ポピュリズムといえるティーパーティー運動の拡大が示している。共和党支持者からみれば、民主党は「アメリカの解体」を図っているように映る。今日、民主・共和の対立は、もはやリベラルと保守といった政策やイデオロギー的なものではなく、人種、信仰、そして生活様式という人生の根本的なものをめぐる対立となっている[14]。

このように、今回のトランプによるポピュリズム現象は、民主党のサンダースと同じく「政党内ポピュリズム」だと分かるが、いったん本選になると、トランプが民主党支持者の低所得層に支持を拡大できなかった。これは、共和支持者、民主支持者が完全に分かれるからであり、無党派層が多い日本の政治状況とは大きく違う点である。あらためて短く説明すると、二〇一六年アメリカ大統領選では予備選でポピュリズム現象が起き、本選ではアメリカ社会の持つ分断の影響が出て拮抗したが、最終的には激戦州のラストベルト地帯でトランプの保護主義的主張が白人労働者の支持を得て勝利を勝ち取ったといえる。

トランプの独裁的発言・行動――暴走するポピュリズム

アメリカの場合、完全なる三権分立でさまざまな権力抑制の仕掛けがあるため、時の大統領によって独裁に転じることはないといわれるが、トランプ大統領は、就任後、いや就任前から独裁的な発言や行動が目立った。まず二〇一七年一月からの就任一年間を中心にみてみたい。

トランプは、就任前から、自分がもし大統領選に負けたら、それはクリントンによる陰謀で結果は受け入れられないと主張、つまり「選挙の正当性を弱めよう」としたし、就任間もない頃は、大統領選中のロシア関与疑惑の捜査を進めようとしたFBI長官を解任して、自分に忠実なFBI長官や司法長官を望むと公言、つまり「独立した司法へ介入」しようとした。また連邦最高裁判所の判事を大統領が任命できるため、トランプは保守派で、いざというときは、自分を支持してくれる人物を任命したし、トランプによる外国人入国禁止令を差し止めた連邦巡回控訴裁判所の判事を解任すると脅かしたりもした。これも「独立した司法への介入や牽制」である。さらに、ニューヨーク・タイムズやCNNなどが自分に不利なフェイクニュースを拡散する「アメリカ国民の敵」だと繰り返し非難し、自分へ批判的なマスコミを訴えられるように名誉棄損法を見直すとも発言するなど、自分に「批判的メディアを牽制」した。(15)

いずれも民主主義のルールを脅かす過激な発言や行動であるが、ついに二一年一月、次期大統領のジョー・バイデンが融和を訴えている中、トランプの煽るような演説によって、トランプ支持者による前代未聞の当選認定中の連邦議会乱入事件がおきた。これは、まさに「暴走するポピユリズム」であった。アメリカ国民は、民主主義を守るためにはトランプの言動・行動には十分注意しないといけない（この点については第8章1で詳述）。トランプ大統領を経験して国民が、政治リーダーによる独裁的な言動・行動に慣れるのが一番心配される。それは将来、巧妙な独裁的ポピュリストが再度登場し、民主主義の諸制度を自分に都合よく運用または改悪しようとしても、アメリカ国民は受け入れてしまう恐れがあるからである。

二〇二〇年大統領選とバイデン勝利

トランプの政策は、「アメリカン・ファースト」を唱え、反移民政策のほかＴＰＰへの不参加、パリ協定からの脱退など、これまでの世界のリーダーとしてのアメリカとは違うスタンスと政策をとった。また過激かつ挑発的な発言が多く、アメリカ社会の分断が進むことになったが、国内的には、保護主義的政策とともに減税、公共事業で景気刺激策をとったため、経済面は順調であった。就任以来、トランプの支持率は四〇％前後で推移し、アメリカ国民の六一％がトランプ政権発足以降に「暮らし向きが良くなった」と感じていた（ギャラップ社二〇二〇年一月調査）。そのため、共和党内のトランプ支持は高く、二〇二〇年の大統領選は当初から共和党候補はトランプと決まっていた。

しかし二〇二〇年一月、中国武漢での新型コロナウィルスの発生とアメリカを含む世界への感染拡大という予想だにしないことがおきる。トランプ大統領は、当初、楽観的なメッセージをＳＮＳで発していたため、その危機管理能力を問われることになるが、トランプは、発生源である中国の責任などをめぐって中国への攻撃を強め、ＷＨＯを中国寄りだと批判もした。そして五月末、ミネソタ州ミネアポリスで白人警官が黒人男性を暴行死させてから、アメリカでは警察への不満が噴出して「ブラック・ライブズ・マター」（黒人の命は大切）を合言葉とする抗議デモが全米に広がると、デモ敵視や軍隊出動を示唆するトランプの不適切な発言などで、六月に入って支持率が低下する。

他方、民主党の動きをみると、その予備選が注目され、当初、急進左派のサンダースが強かった。しかし、トランプに勝つには民主党の一致団結が必要で、サンダースでは民主党内をまとめることができないと、結局、オバマ大統領時代の副大統領で、中道で、かつ黒人層の人気も高いバイデンに絞り込まれていった。

このような中、二〇二〇年大統領選の主な争点は、「新型コロナウィルス対策」、警官による黒人暴行事件に端を発する「人種問題」、新型コロナによる景気悪化に伴う「雇用（失業）問題」の三点になったといえる。そして一一月三日の本選は、感染対策として多くの州が郵便投票を採用して歴史的な高投票率を記録したが、両氏の得票が僅差の州は大勢判明に時間がかかり、バイデンはラストベルト地帯の幾つかの州を制した七日に、やっと勝利宣言を行い国民に融和を呼びかけた。トランプは、投開票で大規模な不正があったと主張し敗北の受け入れを拒み法廷闘争を続けたが、勝敗の覆る州はなかった。各州選挙人投票では、バイデンは三〇六票（得票率五一・三％）を獲得しトランプは二三二票（得票率四六・九％）と、得票率をみると実質僅差で勝利し、二〇二一年一月二〇日に第四六代アメリカ大統領に就任することになる。[16]

4　近年の欧州全域に広がるポピュリズムの特色

南欧ポピュリズムの特色

近年、欧州全域にポピュリズムが広がっているが、その特色は、地域によって特色があることである。[17] 以下、南北、東西と分けて詳しくみるが、まず南北をみると、急進左派ポピュリズム政党への支持が高いのは、欧州債務危機（ユーロ危機）で打撃を受けたギリシャ、イタリア、スペインなどで、他方、急進右派ポピュリズム政党への支持が高いのは、難民、移民の流入が比較的多いスウェーデン、デンマークなどである。

二〇〇九年一〇月、ギリシャの債務問題が引き金となって、南欧諸国でユーロ危機がおきる。そのとき、南欧諸国はEUに金融支援を求めたが、それと引き換えに厳しい緊縮財政が条件となる。その結果、ギリシャでは、このEUの要請に不満を持つ人々が支持する「急進左派連合」（SYRIZA）の政権が一五年に成立（ただ一九年七月の総選挙で敗退し野党に転落）し、スペインでは、急進左派の「ポデモス」が躍進するなど、南欧諸国で急進左派のポピュリズム政党が台頭することになる。

イタリアでは二〇一五年のシリア内戦に伴う大量の難民流入もあって、一八年三月の総選挙で、

EUに懐疑的で反移民・難民の政策を主張する左派ポピュリズム政党「五つ星運動」が第一党と最大勢力になった。ちなみに「五つ星運動」は〇九年、人気コメディアンのベッペ・グリッロらが結党した新党である。一方、中道右派連合の中では右派の「同盟」が最多議席を確保する。そして一八年六月、「五つ星運動」と「同盟」が推薦した政治経験のない法学者ジュゼッペ・コンテが新首相に就任する。つまり、これは実質、ポピュリズム政党による連立政権であった。

しかし、失業率がEU加盟国中ワースト三位という中で、減税や高速道路建設などの公約の早期実現をめぐって瓦解し、一九年八月には「五つ星運動」と中道左派「民主党」の連立となり首相はコンテ継続となっている。ちなみにイタリアでは、総選挙の結果を踏まえ大統領が各党の代表者と協議して、上下両院で多数派を形成し得る首相を指名する仕組みとなっている。そして二一年二月には、中核の「五つ星運動」「民主党」に「同盟」「フォルツァ・イタリア」などが加わった大連立が成立し、EU設置の新型コロナ対策基金活用も視野に親EUのマリオ・ドラギ（欧州中央銀行前総裁）が首相に就任している。[18]

北欧ポピュリズムの特色

二〇一五年には、シリア内戦を逃れ一〇〇万人を超える難民・移民がEU域内に流入した。これを契機に、EUの難民政策を糾弾する急進右派のポピュリズム政党が、北欧や西欧を中心に急速に支持を拡大していく。つまり北欧各国は、民主主義の達成度を示す国際ランキング（英エコノミスト誌調査研究部門調査、二〇一七年）で、一位ノルウェー、二位アイスランド、三位スウェーデン、四位ニュージーランド、五位デンマークと上位を占める国が多いにもかかわらず、反移民のポピュリズム政党の伸長がみられる。

たとえば、スウェーデンでは、移民に対する包摂的な政策を取り続けていたが、一八年の議会総選挙で極右系のポピュリズム政党「スウェーデン民主党」が議席を大きく伸ばした。一方、デンマークでは、すでに反移民を掲げる右派ポピュリズムの「デンマーク国民党」が躍進していた。デンマークは、六〇年代から移民を受け入れ、人口五七〇万人のうち移民は約六〇万人も占め、移民は異なる宗教や慣習を持ち込み就業率も低く、「高福祉を食い物にしている」といった不満が国民に広がっていたとされる。そして、「デンマーク国民党」は二〇〇一年から閣外協力などの形で政権へ強い影響力を発揮した結果、デンマークの移民・難民政策は他国に比べ大幅に厳格化されている[19]。

ちなみに「デンマーク国民党」は、結党当初から極右とは明らかに距離をおきデモクラシー的諸価値を前提としていた。近代西洋のリベラルな価値を前提に政教分離、男女平等を掲げ、他方、近代的価値を受け入れない移民やイスラム教徒を批判している。すなわち北欧諸国は、民主主義の熟度が高いからこそ、ポピュリズム政党もデモクラシーを全面的に受け入れ、しかもリベラル的価値を高らかに掲げた上で、イスラム移民を批判するという論法をとっている（水島2016：106-107,222）。今や、このようなスタンスが、フランスの「国民戦線」（現在、国民連合）など他の国のポピュリズム政党にも広がりつつある。

東欧ポピュリズムの特色――暴走するポピュリズム

東欧をみると、ハンガリー、ポーランド、チェコ、スロバキアにおいては、右派ポピュリズム政党がしばしば政権を担うまで台頭している。東欧では、ポピュリズム勢力が非常に強いため、ポピュリズム政権に対抗する主要政党もポピュリズム政党ということがよくある。

旧共産圏社会で躍進する東欧のポピュリズムは、今や市民社会を解体しようとしているので要注意である。多くの政治学者が民主主義を確立できた国と位置付け、EU加盟を果たしたハンガリーのフィデス党やポーランドの「法と正義」をみても、今や「非リベラルな民主主義」（図表終－一参照）を公然と主張し、政治から独立すべきメディアへの統制強化や憲法裁判所の権限縮小といった制度改変を進め、強権主義的な性格を色濃くしている。すなわちEU離脱を声高らかに掲げることなく、権威主義的なポピュリズム政党が政権を取って独裁的政権となりつつある。

ここで、ハンガリーのヴィクトル・オルバーン首相の独裁化のプロセスを短くみてみたい。二〇一〇年、右派ポピュリズムのフィデス党のオルバーンは首相に返り咲くと、議会での三分の二の議席を力に選挙のルールを自分らに有利に変えることに成功する。そして最高裁判事の人数を増やし退職年齢を引き下げ、現職を順次排除して自分を支持する判事を任命して最高裁を掌握した。また、テレビでの政党活動は国営テレビ局のみとして政権のプロパガンダの道具と変え、かつ批判的な新聞も支配下に置くことになる。そして二〇一四年、オルバーンは、民主主義は必ずしもリベラルである必要はなく、自由な民主主義では国益を守ることはできないと公言し、ナショナルなものを基礎とする「非リベラルな国家」になると宣言している。

このような東欧の状況について、フランシス・フクヤマは、共産主義は昔のことで、今や民主主義国であることが当然となって、むしろ、それを守ることよりも、移民やグローバル化などの問題に国民の関心が向いているという。[20] そして後述（終章）するように、東欧諸国の右派ポピュリズムは、今や暴走しリベラル・デモクラシーの危機の典型例という見方がある。

西欧ポピュリズムの特色——英仏独・EU主要国

ここでは、西欧のうちEU主要国で、比較的、政治経済が安定しているといわれる英仏独のポピュリズムをみてみたい。イギリスでは、二〇一六年六月、EUからの離脱是非をめぐって国民投票が実施され、EU離脱が僅差で可決された。ここで一躍、EU中心国のイギリスのポピュリズムが世界から注目される。その背景の一つとして、ポピュリズム政党である「イギリス独立党」（UKIP）が、東欧などからの労働者の流入拡大に不安を感じる国民を扇動したのもあったとされる。[21] しかし離脱方法がまとまらず、国会は混乱し保守党のメイ首相は退陣に追い込まれ、次に離脱推進派で英国のトランプともいわれた同じく保守党のボリス・ジョンソンが首相となり、一九年一二月総選挙を圧勝し、二〇二〇年一月末に離脱は実現している。ちなみに、新型コロナ対策ではジョンソン首相は当初、経済優先で積極的でなかったが、自身が感染したため今やロックダウンの実施やワクチン接種などで積極的な対策を展開している。

イギリス独立党は、一九九三年、ロンドン大学教授のスキッドらが設立した反EUすなわち欧州懐疑派の政党で、当初は政治家というよりアマチュアの集まりで泡沫政党の扱いであった。その後、次第に成長し、地方選挙や欧州議会選挙で確実に議席を増やしていった。以前は、イングランド農村部の「ローカリズム（地元主義）」を主張する保守系支持層を取り込んでいたが、二〇一〇年に入り、労働党の地盤であったが産業構造の転換で衰退したイングランド中北部の工業地帯の白人労働者いわゆる「忘れられた人々」へ支持を拡大し、勢力拡大につながった。これは、アメリカのラストベルト地帯を連想する。現在は、「ＥＵ離脱党（ブレクジット党）」（党首：ナイジェル・ファラージ）となっており国会での議席はないが、これは小選挙区が影響しており（支持率は一四％）、一九年欧州議会選挙では躍進している。[22]

次に、フランスをみてみたい。二〇一七年四月のフランス大統領選の第一回投票において、中道派で「共和国前進」という新党を立ち上げたエマニュエル・マクロン候補が二四・〇％、また反移民・反ＥＵで排外主義的な急進右派ポピュリズム政党「国民戦線」（ＦＮ）のマリーヌ・ルペン候補が二一・三％を獲得する。すなわちルペンは、従来の主要政党である中道右派「共和党」と中道左派「社会党」の両候補を破って五月七日の決戦投票に進む。この決戦投票では、改革を唱え親ＥＵ派のマクロン候補が六六・一％を獲得し、ルペンの三三・九％を押さえて、勝利をおさめる。このルペン躍進は、先ほどのイギリスの国民投票に続き、あらためてＥＵ主要国でのポピュリズム台頭を世界に知らしめることになった。

ところで、二〇一八年一一月から始まった「黄色いベスト運動」は、当初マクロン政権の燃料税、自動車税引き上げに反対する低所得者を中心とするデモから始まり広まったが、今だに終息していない。マクロンの政策は「金持ち優遇」と批判され、左派のみならず排外主義的な右派の反発も呼び起こしており、アフター・コロナのポピュリズム勢力の伸長を予感させる。[23]

ドイツでは、二〇一七年の連邦議会選挙で、「ドイツのための選択肢」（ＡｆＤ）が急進右派政党として第二次大戦後はじめて国政に進出するか注目された。選挙は九月に行われ、反移民・難民や反ＥＵを唱えたＡｆＤが総議席七〇九のうち九二議席を占めて、いきなり第三党に躍り出る。アンゲラ・メルケル首相率いる与党キリスト教民主同盟・社会同盟（ＣＤＵ・ＣＳＵ）は第一党を維持したが、連立相手の社会民主党（ＳＰＤ）とともに議席を大きく減らした。その後、連立交渉に難航したが、一八年三月、メルケル首相は、社会民主党（ＳＰＤ）と連立政権を組むことに成功した。しかし、一九年ＥＵ議会選挙でのＳＰＤ敗退もあって、ドイツもポピュリズム政党が台頭する他の国のように混迷が始まったようにみえる。

なお、二〇二〇年の新型コロナ禍でメルケル首相（二一年九月の総選挙後に引退予定）は、国民に寄り添った演説を行い科学的根拠に基づく感染対策を展開したため、そのリーダーシップへの評価が高まっていた。しかし、二〇年後半になるとＡｆＤによる大規模デモが新型コロナ禍でも行われ、二一年に入ると感染拡大やワクチン接種の遅れもあってメルケル首相の支持率は低下し、ＡｆＤの政権批判が強まっている。[24]

以上のように、これまでポピュリズム政党が台頭すると思われてなかった西欧ＥＵ主要国においても如実にポピュリズムの躍進がみられ、それは政権を脅かすような勢いである。

5　ポピュリズムの三つの波と日本・欧州の比較

これまでみたポピュリズムの歴史を大きくとらえると、ポピュリズムは、民主主義の国々への拡大とともに、既存の政治に不満を持つ人々の支持をベースに、政治・経済エリートや既成勢力を批判しながら、採用するイデオロギーや政策を変化し発展させていることが分かる。そして、今や米国も含め欧州全域にポピュリズムが広がり台頭しつつある。

たとえば吉田徹（2018）は、ポピュリズムのルーツを、一九世紀のナポレオン三世までさかのぼり、ポピュリズムは民主主義の拡散と伝播とともに広がってきたとし、その歴史的成立条件を、①経済的、社会的な変動をもたらす外部的要因によって、既存の代表制民主主義の政治的ヘゲモニーが揺らぎ、②それによって政治的代表性を奪われたと感じる社会階層が残存し、③彼らに政治的覚醒をもたらすことに政治的活路を見出す非主流派政治家や運動が介在する、という三つであるという。

そしてポピュリズムの歴史を、より大きな視点で見ると、「一九世紀末」、「第二次世界大戦後の二〇世紀半ば」、「二一世紀に入って現在」と三つの大きな波がある。第一波は「産業革命」すなわち国が農業経済から工業経済へと離陸する過程での反動として、第二波は「第三次産業化と都市化」すなわち戦後高度成長期での都市部への資本・人の集中という社会構造的な変動に対する反動として、とらえることができる。そして現在の第三波は、「モノとカネのグローバル化」すなわちIT産業と金融・貿易の発展であり、このグローバル化に伴う先進国での製造業の衰退によって中間層の縮小・没落がおき、その反動としてとらえられる。つまり三つの波は「産業構造の転換」と呼応するといえる。

具体的には、ポピュリズム第一波は、本章1で一つ目の源流としてあげた一九世紀末のアメリカのポピュリスト党（人民党）や帝政ロシアの農奴開放を目指す「ナロードニキ」（ロシア語で人民主義者という意味）などであり、第二波は、本章1で二つ目の源流としたアルゼンチンのペロンなど南米諸国でのポピュリズムやフランスのポピュリスト・プジャードによる商工業者の反徴税のプジャード運動で、アメリカの都市部エリートへの反感に起因した反共産主義のマッカーシズムなども含まれる。そして第三波は、トランプも含まれる現在の欧米先進諸国でのポピュリズム台頭である。(25)

以上のように、吉田の分析は、歴史的であって最も長期的なスパンからみたマクロ的なポピュリズム発生のメカニズム分析といえ、現在は、ポピュリズム第三波の渦中にあり、このようなときに、新型コロナというパンデミックが起きている。すなわち、「ポピュリズムの大きな波の中での危機」といえる。

次に、日本と欧州を比較してみたい。近年の欧州をみると、八〇年代から二〇一〇年頃までみられた新自由主義的ポピュリズムはほとんどいなくなり、急進右派の排外主義的なポピュリズムが主流になっている。それに対し日本では、新自由主義的ポピュリズムとしての「維新」が伸長しつつ、反緊縮を掲げる左派ポピュリズムとしての「れいわ」が誕生している。それと、本書で取り上げた「小泉劇場」「橋下劇場」「小池劇場」は、劇場型であるとともに改革を唱える新自由主義的ポピュリズムであった。すなわち、欧州で台頭する権威主義的な排外主義ポピュリズムは、国政レベルではまだ登場・伸長していない。このような状況について、中北浩爾は、欧米ではやや過去のものとなった新自由主義的なタイプが依然として日本では支配的なポピュリズムであると指摘している（中北2020：286）。

日本と欧州のポピュリズムを比較すると、以上のような違いに加え、欧州では既成政党を脅かすほどに台頭しているのに対し、日本はそこまで伸長していないという点が明らかである。この点は、次章以降、詳しく論じたい。

6 新型コロナウイルスとポピュリズム

ここでは、まず新型コロナ禍でのポピュリズムをみてみたい。キャロサーズとプレス（カーネギー国際平和財団研究員）は、新型コロナによってポピュリズムの拡散と政治の二極化が進み、対立的な政治の台頭に拍車がかかっていると論じる。欧州では、新型コロナ前、ポピュリズム勢力による反政府の抗議デモが目立っており、新型コロナ禍では外出禁止もあって、当初その勢いは低下した感があったが、二〇二〇年の後半になると、フランスの「黄色いベスト運動」やドイツの

ＡｆＤなどのデモが活発化している。新型コロナ収束には連帯が必要なのに、社会を分断化・二極化するポピュリズム勢力の勢いは一向に衰えない。これはトランプ政権下でのアメリカが物語っている。[26]

パンデミックのような不安定な危機のときは、科学的アドバイスを無視または軽視するポピュリストは、コロナ対応に失敗すると予想されていた。たとえばフランスでは、新型コロナ対策をめぐるルペンの政権批判は、当初、国民から評価されていなかったとされるが、二一年に入っての感染拡大やワクチン接種の遅れが国民の不満となっており、ルペンは「政府の政策は成り行き任せ」と政権批判を強め、二〇二二年大統領選でのマクロン、ルペン両氏の接戦を予想する見方が強くなっている。新型コロナ対策で支持率が低迷（二一年四月三七％：フランス世論調査研究所）するマクロン大統領は、二〇二二年大統領選でのルペン躍進を意識して、イスラム過激派へのテロ対策や警察官保護など治安政策に力を入れ始めたとされる。またトランプをみると、不安定なときでもポピュリストは、ＳＮＳを駆使して支持者に対し物語を作り政治をリードすることができることも分かった。[27]むしろ、今も共和党内で多いトランプ支持者に広がる「陰謀論」が心配されるところである。

以上のように、新型コロナ禍でポピュリズム勢力は鳴りを潜めても勢いは衰えず、その中には、トランプのように暴走して一気に社会の分断化を進めたものもある。すなわち、新型コロナ禍でも今後のポピュリズム台頭の予兆を感じる。

この予兆とは、具体的には、新たな格差によるポピュリズム台頭である。たとえば山口綾子は、所得格差と関連させ次のような見方を示す。新型コロナ感染者・死者数（絶対数・人口比）の多い国は、欧米ではアメリカ、イギリス、フランス、イタリア、スペインがあげられ、ドイツは感染者・死者数ともに相対的に少ない。その理由は、ドイツはこれらの国と比べ国内の所得格差が小さいことで、他方、所得格差が大きい国では貧困層が貧弱な医療体制のなかで厳しい状況に置かれていることが分かる。さらに新型コロナ禍では、リモートワークが可能な労働者（主に知的労働者）と、感染リスクを冒して職場に出勤しなければならない労働者や職を失った人々との間に、新たな格差を生み出し問題は深刻化している。[28]

さらに、ＩＭＦ（国際通貨基金）によると、今回のコロナ対策で、世界各国は一年間で一六兆ドル（約一七六〇兆円）もの財政支援が余儀なくされ、二〇二一年の世界全体の債務残高は、ＧＤＰ比で九八・九％（前年比一・六ポイント増）に達する見込みである。先進国の二一年の債務残高はＧＤＰ比一二二・五％で、第二次世界大戦直後に匹敵する高水準になる見通しである。たとえば、巨額の財政出動を実施したアメリカは一三二・八％に上昇し、日本は二五六・五％と突出して高い状況である。[29] これは、アフター・コロナの時代に入ると、低成長に加えて緊縮策が取られることを示唆している（吉田2020a：6）。

以上みてきたように、今回の新型コロナのパンデミックは、世界歴史的にみてポピュリズム第三波の最中におきたものであり、ポピュリズムは鳴りを潜めても、その勢いは衰えていないといえる。むしろ今後は、新たな格差や財政悪化が予想される。したがって、現在のポピュリズム第三波の背景の「モノとカネのグローバル化」という構造転換に加え、新たな格差と財政悪化が見えてきたアフター・コロナの時代においては、多くの国の社会経済は苦悩しながら大きく変化することが危惧され、そのとき、取り残された人々による異議申し立てであって感情・怒りの表出でもあるポピュリズムが、一気に暴走する可能性があるといえる。

注

（1）森2008：150,151、吉田2011：86,87、ミュデ／カルトワッセル2018：39,40一部参照。
（2）水島2016：35-38、ミュデ／カルトワッセル2018：47。ラテンアメリカのポピュリズム第一波は一九二九年の大恐慌の到来とともに始まり、六〇年代終わりの官僚権威主義体制の登場まで続いたという。田舎の住民の都市部への移動増加と産業化を導く経済改革が、政治的・社会的権利の要求の高まりへの道を切り開いた（ミュデ／カルトワッセル2018：48）。
（3）森2008：153,154、吉田2011：90-93、水島2016：50。
（4）以上のチャベスは、橘木2018：11-15、坂口2021第1章参照。
（5）チャベス後の状況は、渕上隆悠・読売新聞リオデジャネイロ支局長リポート（読売新聞二〇二〇年五月一二日）、朝日新聞二〇二〇年一二月八日。
（6）以上のサッチャーとレーガンの説明は、森2008：155、吉田2011：27,28,30、藤本2009：281,286-289。森井2012：67,68、高橋・石田2013：ii。
（7）ラクラウ1985:176、高橋・石田2013：ii。
（8）以上のベルルスコーニ、サルコジは吉田2011：37-41,44-53、森井2012：25,26,84-88、大嶽2017：182-184。
（9）庄司2018：16、高橋・石田2013：49、ミュデ／カルトワッセル2018：56。
（10）以上、オーストリア自由党は、吉田2011：144,145、水島2016：77-79,2018b：187-192、庄司2018：13。
（11）ミュデ／カルトワッセル2018：47。なお二〇一六年米国大統領選の状況は、予備選も含め有馬2017a 補論を参照（引用元は補論を参照されたい）。
（12）渡辺靖インタビュー記事（朝日新聞二〇一六年三月一八日）。ＦＲＢ調査はＮＨＫ「日曜討論」（二〇一六年五月一日放送）より。

（13）なお約八九％の民主党支持者はクリントンに、約八八％の共和党支持者はトランプに投票しており、ほとんどの州ではそれぞれの政党が地盤としているところで順当に勝利したという（久保2018：276）。ラストベルトにおけるトランプ支持者の具体的な様子は、吉見2018第5章を参照のこと。

（14）レビツキー／ジブラット2018：206,209,210,213。

（15）レビツキー／ジブラット2018：215-228。モンク2019：124。

（16）以上、ここまで毎日新聞二〇二〇年三月二〇日「新型コロナ・米経済失速」、宮崎日日新聞二〇二〇年六月一〇日「トランプ氏支持急落、デモ対応で失策」など関連記事参照。選挙の三つの争点は海野素央の指摘（二〇二〇年八月二七日放映・TBS情報番組「ひるおび」）。

（17）ヨプケ2019：106。

（18）以上、ここまで庄司2018：10,14,17（Heinoetol 2017）。宮崎日日新聞二〇一八年五月二五日「イタリア、ポピュリズム政権発足」、朝日新聞二〇一九年七月九日「ギリシャ左派政権退場へ」など関連記事参照。

（19）以上、ここまで、庄司2018：17、水島2016：105-112。竹田昌次（2017）「北欧福祉国家と移民政策」中京大学総合政策学部『総合政策論叢』第八巻。デンマークの現状は、朝日新聞二〇一九年六月五日「デンマーク 左派が右傾化」も参照。なお民主主義の熟度調査は、読売新聞二〇一八年一〇月二二日より。

（20）以上、ここまで、ヨプケ2019：107,108、モンク2019：vii,130-134。レビツキー／ジブラット2018：40,106,108,117、ミュラー2017：80。吉田2020a：47参照。そのほか、読売新聞二〇一九年一一月三〇日「冷戦終結三〇年上・東欧民主政治試練の時」。フクヤマ指摘は読売新聞二〇一九年一二月七日「民主主義 収縮の時代」。

（21）庄司2018：11。

（22）以上、イギリスについては、水島2016：163-169、最新の議会の議席状況は、読売新聞二〇一九年九月二四日「英野党結束遠く」。

（23）以上、フランスについては、庄司2018：12。宇野重規の指摘（宇野・会田2019：59）参照。

（24）以上、ドイツについては、庄司2018：12-13、読売新聞二〇二〇年九月二三日「欧州 反コロナ対策運動」、二〇二一年四月三日「独与党 コロナ対策迷走」、二〇二一年四月六日「欧州右派 コロナ禍突く・勢力拡大狙う」など関連記事参照。

（25）吉田2018：46。小学館編『日本大百科全書』ポピュリズム解説（吉田徹：2017）。朝日新聞二〇二〇年一〇月三一日「怒りと憎悪その「次」は」。

（26）カーネギー国際平和財団・トーマス・キャロサーズ、ベン・プレス「コロナによるポピュリズムの拡散と政治の二極化」二〇二〇年一二月（日本国際交流センターHPより）。朝日新聞二〇二〇年九月八日「欧州右翼政党支持伸びず」。

（27）読売新聞二〇二〇年六月二八日「仏地方選　与党劣勢、マクロン支持低迷」、二一年四月六日「欧州右派　コロナ禍突く・勢力拡大狙う」、二一年五月一二日「マクロン氏再選揺らぐ、極右ルペン氏急伸」、「日テレNEWS二四、二〇二〇年一二月二八日」（日本テレビHP）。

（28）山口綾子「欧州の所得格差とポピュリズム」国際通貨研究所『国際金融トピックス』二〇二〇年一二月九日。

（29）読売新聞二〇二一年四月八日。「コロナ財政支援世界一七六〇兆円・IMF報告」。

第6章
欧州ポピュリズム政党の台頭要因と未然防止策

ここでは、近年の欧州のポピュリズム政党の台頭要因について、特に日本の参考になる民主主義の熟度が高く政治経済が安定している英仏独を中心に明らかにするとともに、ポピュリズム政党台頭の要因を整理し、そのプロセスを分析する。また先行研究を紹介した上で、台頭の未然防止策まで考えてみたい。

1　英仏独でのポピュリズム政党の台頭

EU離脱国民投票からみるイギリスのポピュリズム躍進

世界の人々がイギリスでのポピュリズム台頭を実感したのは、僅差でのEU離脱決定となった二〇一六年六月の国民投票であった。この国民投票実施の経緯をみると、ポピュリズムというより保守党の内部事情が実施の契機だった。すなわち、党内のEU離脱強硬派に悩まされた保守党のデーヴィド・キャメロン首相が、国民投票を実施し離脱否決で勝利して党内基盤を固めようという苦肉の策であった。しかし、その思惑は外れた。このEU離脱決定の背景には、経済のグローバル化に伴う所得格差や地域間格差のほか、以前から離脱を主張していたイギリス独立党の伸長もあった。つまり、二〇一〇年代に入りイギリス独立党は地方選挙や欧州議会選挙などで保守党や労働党をしのぐまで成長していた[1]。

細谷雄一は、国民投票でのEU離脱の決定は、八〇年代からのイギリス政治における次の三つの地殻変動の帰結だったと指摘する[2]。

第一に、政党政治のイデオロギー化である。これは、サッチャー元首相が欧州統合を経済問題でなく、非民主的な官僚組織の支配として政治問題化したことに端を発する。この結果、保守党は反EUの欧州懐疑派が支配するイデオロギー政党に変わっていった。

第二に、新自由主義政策の浸透による所得格差の拡大と中道政治の空洞化である。保守党のサッチャーが最初の新自由主義政策は、ブレアやブラウンの労働党政権に引き継がれ互いに政策が近づき、所得格差は拡大して、結局、一部の低所得者層はイギリス社会における「忘れられた人々」となった。そして、これら「忘れられた人々」の生活が困窮した原因は、新自由主義の政策やグローバル化ではなく、むしろEUによって引き起こされたと考えられ、不満の矛先がEUへ向かっていった。

ちなみに、労働党支持者の中の失望した人々は、党内最左派のジェレミー・コービンに希望を寄せていくことになる。つまり、「反貧困・反緊縮」を訴え、不安定雇用の若者の支持も獲得して二〇一七年総選挙において労働党（当時の党首はコービン）は議席を大幅に伸ばしたが、結局、一九年のＥＵ離脱を改めて問う総選挙で労働党はジョンソン首相率いる保守党に敗れている。

第三に、政治エリートに対する国民の信頼低下である。〇八年のリーマン・ショックという世界金融危機後の財政緊縮策によって低所得者層が苦しむ一方で、税金の一部が支援としてシティーの金融機関に流れていった。そのため、エリートは嘘をつき自己の利益しか考えていないという失望や怒りが国民に広がったという。

以上のことが、国民投票でＥＵ離脱につながったとされるが、次に、従来からＥＵ離脱を主張していたイギリス独立党（現在、ＥＵ離脱党）の歴史を改めてみて、その躍進の理由を明らかにしたい。

イギリス独立党は、一九九三年設立で、当初はアマチュアの集まりとして泡沫政党の扱いだった。しかし、反ＥＵを主張する小政党を吸収して次第に成長し、保守的農村部での地方選挙や欧州議会選挙において、反ＥＵ、反グローバルを主張して確実に議席を伸ばしていった。党首に保守党政治家のファラージが就いた二〇一〇年に入り、従来、労働党の地盤だったが産業構造の転換で衰退したイングランド中・北部の工業地帯で支持を拡大する。白人の労働者すなわち「忘れられた人々」への支持拡大が、イギリス独立党の勢力拡大につながった。それと、極右政党「ブリテン民族党」の移民排斥の主張を取り込んでいったのも大きかった。そして一四年の欧州議会選挙で、イギリス独立党は二大政党をおさえ第一党となり、イギリス内外に大きな衝撃を与えた。

ただ現在、イギリス独立党はなく、ファラージが一九年四月に結党したＥＵ離脱党（ブレクジット党）に引き継がれている。[3]

以上のように、イギリス独立党の躍進の理由は、先ほどの中道政治の空洞化と政治エリートの信頼低下を背景に、反EU、反グローバルと反移民の主張が、産業構造の転換で衰退した地域の人々の支持を得たことが大きかった。これは、トランプのラストベルト地帯での支持獲得を連想する。それと、国政選挙が小選挙区で伸長に難しいものの、それにかわる地方選挙や欧州議会選挙で議席を伸ばすことができたのが国民にアピールするにも良かった。

二〇一七年大統領選からみるフランスのポピュリズム躍進

二〇一七年五月のフランス大統領選において、八〇年代から互いに政権を担ってきた中道右派「共和党」、中道左派「社会党」の二大政党の候補者は、経済の不振や汚職疑惑で批判を浴びて、結局、決戦に残れなかった。その結果、新しい政治勢力「共和国前進！」を立ち上げ改革を唱えるマクロンと、急進右派「国民戦線」のルペンの上位二人による決戦投票となり、三九歳のマクロンがルペンに勝利する。マクロンは金融機関出身の若きエリートで、グローバル経済の「勝ち組」代表とフランス国民に受けとめられ、一方、ルペンは反エリートのポピュリストだった。そのため、決戦投票では、投票する良き候補者がいないという人も多く、投票率は四二・六％と前回（二〇〇二年六〇・三％）を大きく下回った。[4]

ここで、国民戦線の勢力拡大の歴史をみてみたい。国民戦線（現在、「国民連合」と改称）は一九七二年設立と古く、反共産主義、植民地主義などさまざまな右翼を結集した政党で、当初、その勢いは足踏み状態だった。初代党首は現在の女性党首マリーヌ・ルペンの父、ジャン＝マリ・ルペンであった。彼は、ブルターニュ地方の漁師の息子として生まれ、五〇年代のプジャード運動、すなわちポピュリストのプジャードが扇動した商工業者の反徴税闘争に端を発する右派的政治運動に参加して、国会議員の経験もあった。しかし国民戦線は、現在のフランスの政治制度である共和制に反対を唱えていたため、広く支持を集めるのは難しく、七〇年代は注目を集めることはなかった。次第に党の主張を移民・外国人問題に力点を移し、七八年の国民議会選挙のポスターで「一〇〇万人の失業者、一〇〇万人の多すぎる移民」[5]を掲げ、八〇年代に失業・治安悪化を移民増加と結びつけ、自国民優先と福祉排外主義に転じ政治の表舞台に躍り出る。それは、地方議会選挙と欧州議会での躍進だった。九〇年代になると、グローバル化やEU統合を大企業優先策と批判し、家族手当引き上げなど社会政策に積極的な姿勢を示して、一般大衆への支持拡大に成功する。

こうした中、分裂を経験して一時期党勢が衰退するが、一一年に党首となったマリーヌ・ルペンは、国民戦線のイメージを刷新するため、反ユダヤの発言を繰り返す父ルペンを公然と非難して二〇一五年に党から除名するとともに、反EU、反移民、反イスラムそして自国民優先の立場を鮮明にする。このような中、近年、シャルリ・エブド襲撃事件（二〇一五年）に代表されるようにイスラム過激派のテロが続発し、また大量の移民や難民への国民の不満が高まり、これがルペンへの追い風となって二〇一七年大統領選で大躍進し、マクロンとの決戦投票に持ち込むことになった。なお、その後、「国民戦線」はイメージ刷新のため一八年三月「国民連合」と党名を変更している。[6]

以上のような八〇年代以降の「国民戦線」躍進については、次の理由があげられる（水島2016：74-76）。

①フランスにおける政治的対立軸が変容したこと。すなわち左右の政党の政策が近づいて、既成政党への不満が高まり無党派が増えたことである。

②国民戦線がデモクラシーを受け入れる立場を明確にするとともに、党のイメージを柔らかくしたこと。設立当初、反体制の極右色が強かったが、デモクラシーを認める立場に転じ、今や既成政党は「にせものデモクラシー」だと批判するぐらいに変化している。

③国民戦線の主張が人々の不満をくみ取るもので、状況に応じて変化していること。つまり、当初の反共産主義から反移民・反ＥＵに変化したほか、家族手当引き上げなど低所得者層に配慮した政策を主張していることである。

連邦議会選挙からみるドイツのポピュリズム躍進

ドイツ連邦議会選挙において、二〇一七年九月、メルケル首相率いる中道右派の「キリスト教民主同盟・社会同盟」（ＣＤＵ・ＣＳＵ）は、ようやく第一党の座を確保したものの議席を大きく減らすことになる。メルケルの足をすくったのは、メルケルの難民受け入れ策に反旗を翻した新興右翼政党「ドイツのための選択肢」（ＡｆＤ）の躍進であった。ナチ台頭への反省から、ドイツでは反民主主義的政党が禁止され、かつ連邦議会での議席獲得には得票率五％以上が必要と、新党参入のハードルが高かった。そのためポピュリズム政党の国政進出は難しかったが、ＥＵ批判をベースに金融・通貨関係の主張に力点を置き二〇一三年に設立したＡｆＤは、この壁を乗り越え大きく躍進する。

ここで、ＡｆＤの歴史をみてみたい。「ドイツのための選択肢」（ＡｆＤ）という名称は、欧州債務危機の際に単一通貨ユーロを救うためのＥＵの政策について、当時のメルケル首相が「他に選択肢は存在しない」と発言したことに由来する。すなわちＡｆＤは二〇一三年、単一通貨ユーロに反対する政党として創設された。この党の特徴は、中心メンバーが経済学者や中小企業経営者が多いことで、初代党首はハンブルク大学の経済学教授のルッケであった。ギリシャなど金融不安を抱える国を救済するためドイツが負担を引き受けることへの不満などをきっかけに、選挙をにらんでの急ごしらえの政党であった。二〇一三年の連邦議会選挙では五％の壁を越えられなかったものの、初参加で得票率四・七％と健闘した。その後、州議会で次々と議席を獲得する。右翼勢力が強い旧東ドイツ地域で多数の議席を獲得してからは、一五年に右翼勢力のペトリが党首となり、移民やイスラムへの強硬路線を主張した。またフランスのシャルリ・エブド襲撃事件（二〇一五年）に代表されるイスラム過激派によるテロ事件の続発やシリアからの大量難民がＡｆＤの追い風となった。

先ほどみたように、二〇一七年九月の連邦議会選挙では、ＡｆＤはネオナチと海外メディアに危険視されながら、いきなり第三党になって、戦後ドイツで初めて国政に進出した。ただドイツ公共放送の調査によると、ＡｆＤに投票した人の六一％が「他党に失望したから」と回答している。ＡｆＤに投票した人は、自分は右翼ではないが社会民主党（ＳＰＤ）への罰のつもりという声が多い。その理由は、ドイツ二大政党であるキリスト教民主同盟とＳＰＤが連立政権を組んだため、お互いの違いが見えなくなり、ＳＰＤが弱者の味方でなくなったという不満が広がり、従来ＳＰＤへ流れる票がＡｆＤへ流れたからだという。

ＡｆＤが躍進した選挙後の連立交渉は難航し、メルケル率いるキリスト教民主同盟・社会同盟（ＣＤＵ・ＣＳＵ）と中道左派「社会民主党」（ＳＰＤ）との連立が発足したのは、選挙から半年以上たった二〇一八年三月だった。メルケル首相の求心力低下は顕著となったため、二〇二一年の任期まで首相を務めるとなった。ただ二〇二〇年に入り、新型コロナウイルス対策によってメルケル首相のリーダーシップは内外から注目されている[7]。

以上のように、ナチズムの反省からドイツでは、極右（または極左）や小規模政党の国政進出は制度として制限があったが、比較的新しい政党であるＡｆＤは次の理由で躍進してきたと考えられる。第一に、ドイツ国民の素朴な疑問と不満に特化した政党としてスタートしたのが功を奏したこと。第二に、近年の大量の移民・難民問題さらにテロ問題という社会の具体的な不安が追い風となったこと。第三に、中道右派・左派の主要政党が連立政権を組んで互いに政策に違いがなくなってきたこと、である。

英仏独におけるポピュリズム政党台頭の要因

ここでは、英仏独すなわち民主主義の熟度が高く政治経済が安定している先進国におけるポピュリズム政党躍進の理由について、次のように整理したい。

第一に、ポピュリズム政党がデモクラシーを否定しないとともに、そのイメージを急進右派から多くの人々に受け入れられるよう柔軟化していることである。ちなみに、前述のとおりフランスの国民戦線は「戦線」という極右的イメージを払拭するため、国民連合という名称に変更している。

第二に、ポピュリズム政党の主張や政策が、既成政党が主張せず国民の不満をくみ取るものであるとともに、福祉政策にも力を入れるなど状況に応じて変化していることである。この背景には、左派・右派そして中道の既成政党は政策が近づいて違いが見えにくくなっていることと、EUによって各国政府の政策に縛りがかけられ、政策の有効性が低下していることがあった。

第三に、従来の政党・政治不信や所得格差・地域間格差に加え、特に近年、大量の移民・難民やテロの続発などで社会的不安の著しい高まりがあることである。政治経済が他国に比べ比較的に安定していた英仏独では、このような具体的な社会的不安の高まりがポピュリズム政党躍進の追い風になった。

第四に、選挙制度が大統領制や比例など、小さな政党にとって不利なものでないこと。もしくは、国政選挙が不利な小選挙区であっても、地方選挙や欧州議会選挙などで勢力拡大を国民に示せる機会があることである。

以上を、ポピュリズム政党躍進が本来難しい国での躍進理由とまとめることができる。ただ先ほどみたように、ポピュリズム政党が多くの人々に受け入れられるよう自ら変化してきたのも大きい。また停滞の時期もあるので、選挙で党の勢いをいかに維持するかが大きな課題である。このとき特定の地域に拠点を持ち勢いを維持しようとするケースもあるが、これは日本でいえば大阪など関西を拠点とする政党「維新」を連想する。

2　欧州諸国でのポピュリズム台頭の要因

ポピュリズム台頭の要因の全体像——先行研究も参考に

ポピュリズムが台頭するかどうかは、大衆を魅了する能力を持つカリスマ的な指導者すなわちポピュリストによる、社会に広がる幅広い不満の数々を、「われら善良なる人民」対「奴ら腐敗したエリート」というポピュリズム的な言説に結合させる能力に左右される。そのため、ポピュリストが政治の世界から消えるとポピュリズム自体も消える傾向があるため、かつてはポピュリズム発生の要因や対策は十分論議されていなかった（ミュデ／カルトワッセル2018：155）。

しかし九〇年代後半以降、海外ではポピュリズム研究も進み、ポピュリズムの台頭要因は、社会の側に不満が高まっている原因つまり需要側（大衆側）と、その不満が政治的にどのように動員されるかという供給側（政治アクター側）の両方にあるとして、それらの要因を分析する研究が進んでいる。そこで、まず欧州でのポピュリズム政党の台頭要因に関する先行研究を、短くみてみたい。

カルトワッセル（2015）は、需要側の要因として、政治家の腐敗や政党・政治不信、一般の人の経済的苦慮による「社会的不満の高まり」、他国でのポピュリズム台頭による「デモストレーション効果」をあげ、供給側の要因として、二大政党や既成政党などの政策が似通っている「主要政治勢力の政策の収斂」、欧州特有の反EUなど「反コスモポリタン感情」をあげる[8]。

またモンク（2019）は、民主主義の危機と関連しポピュリズム台頭の理由を、①経済成長の鈍化で生活水準が向上せず将来の悪化を危惧していること。②SNSなどによって大衆に直接発信できるため周辺化されていた運動や政治家の勢いが出ていること。③移民増加で単一民族的国家の姿が将来変わるかもしれないという危機感があること、の三つをあげる[9]。これは、①③が需要側、②が供給側の要因である。

次に日本の代表的な研究として、水島治郎（2016）の九〇年代以降の欧州のポピュリズム台頭の理由をあげたい。水島指摘の理由を需要側と供給側に分けてみると、需要側の要因としては、①既成政党を含む既成の組織・団体の弱体化による無党派層の増大（これは一見、政治アクターのことなので供給側のようだが、結局、無党派層の増大なので、ここでは需要側とした）。②グローバル化に伴う社会経済的な変容とりわけ格差の拡大、があげられる。

さらに供給側の要因としては、③グローバル化やヨーロッパ統合、冷戦の終焉というマクロの変化のなかで、それまで各国で左右を代表してきた既成政党の求心力が弱まり政党間の政策距離が狭まったこと。また供給側であるポピュリズム政党の特色としては、④マスメディアを駆使し

需要側	・政治家の腐敗の広まりやEUによる各国政府の政策の有効性の低下（⇒政党・政治不信、エリート不信の高まり） ・既成政党や労働組合など政治的組織の衰退（⇒無党派層の増加） ・グローバル化に伴う所得格差や地域格差の拡大（⇒中間層の縮小、将来への危機感） ・大量の難民、移民の流入やテロの続発（⇒社会的不安の高まり、単一民族的国家観の危機） ・他国のポピュリズム政党伸長というデモンストレーション効果
供給側	・ポピュリズムに有利な選挙制度（大統領制、比例制） ・主要政党間の政策の違いがなくなってきたこと ・ポピュリズム政党による既成政党にない国民の不満をくみ取る主張や政策 ・ポピュリズム政党のデモクラシーへの受容的姿勢とイメージの柔軟化 ・反EUなど反コスモポリタン感情の利用 ・ポピュリストの個人的魅力（カリスマ性） ・マスメディアの巧みな利用 ・SNSなどの発達による大衆（有権者）への直接的発信

図表6－1　欧州諸国におけるポピュリズム台頭の要因
（注）筆者作成。

て無党派層に広く訴える政治手法。⑤デモクラシーへの受容的姿勢、すなわち極右で反民主主義的・反体制的から民主的原理の受容への姿勢の転回。⑥政策面での福祉と移民排斥を結びつける「福祉排外主義」の主張、があげられる。

なお「福祉排外主義」とは、比較政治学者であるキッチェルトが提示し、現在では広く受け入れられた概念であるが、福祉・社会保障の充実は支持しつつ、移民を福祉の濫用者として位置づけ、福祉の対象を自国民に限定するとともに、福祉国家にとって負担となる移民の排除を訴える主張である。[10]

さらに吉田徹（2018）は、世界歴史的にみた今回のポピュリズム第三波の根本的・構造的な原因は、グローバル化に伴う所得格差拡大による中間層の縮小が原因だとする。

そして、先ほどの英仏独の分析と、ここでみた先行研究の見解を、需要と供給に分けて、図表六―一のように整理することができる。これをみると、需要側の主な要因は「政党・政治不信やエリート不信」「所得格差や地域格差」「大量の難民・移民やテロ」と分かる。供給側の主な要因は、次のプロセス分析で明らかにしたい。

ポピュリズム台頭のプロセス

ミュデとカルトワッセルによる人々の「ポピュリズム的意識」に注目したポピュリズム発生のプロセス分析（ミュデ／カルトワッセル2018：148-151）を参考にして、次にポピュリズム台頭のプロセスをみてみたい。

ポピュリズム台頭とは、大衆つまり需要側に、「所得格差や地域格差」、「政党・政治不信やエリート不信」さらに「大量の難民・移民やテロ」などいくつかの要因が重なって、社会の不満や不安が高まることが条件といえる。このとき、「政治家は利己的で自分のことしか考えておらず、国民のことは真剣に考えていない」というような、政治リーダーに対する有権者の不信感が著しく高まるが、これが供給の受け皿となる人々の「ポピュリズム的意識」に当たる。

このような状況に対し、既成政党が諸問題に的確に対応できない中で、供給側から図表六―一のいくつかの要因が重なって、つまりポピュリズム政党がマスメディアやSNSなどを巧みに用いて大衆に直接的に発信して、社会の不満や不安を政治問題化し、あるイデオロギーや政治スタイル（政治手法）も用いながら、既成政党が提示しない国民の不満をくみ取る主張や政策を打ち出すことになる。このような中、既述したように、成功を収めるポピュリストとは、社会の不満・不安の数々を「われら善良なる人民」対「奴ら腐敗したエリート」というポピュリズム的言説を中心にして結合させることのできる者たちである。

このようにして、ポピュリズムは台頭するわけであるが、このとき、上から、つまりポピュリストだけでなく、下から、つまり大衆の政治運動としてのポピュリズムもあると、ますます躍進する。なお、前述の英仏独のポピュリズム政党躍進の要因をみると、民主主義の熟度が高く政治経済が比較的安定した国では、ポピュリズム政党の「デモクラシーの受容的姿勢」と、多くの人々が受け入れやすい「イメージの柔軟化」も大切である。

実は、従来のポピュリズム研究は、供給側の分析が主流だったので、需要側の分析を前面に出したのが、これまでと違うといえるが、前述のように供給側つまり政治アクターがリードして、政治スタイル（政治手法）も用いながら、社会の不満や不安を政治問題化するので、これまでみてきたように供給側からポピュリズムを呼び起こすことも多々ある。ただ、そのとき、需要側の社会の不満・不安のレベルがそう高くないと、そのポピュリズム現象は長く続かないであろうし、政権与党を脅かすほどには台頭しないであろう。

さらに先ほど、需要側の複数の要因が重なって社会の不満や不安が高まるのが台頭の条件と指摘したが、一つや二つの要因に向けてのポピュリズムの供給というのもあり得る。たとえば、難民や移民、テロなどをターゲットとする排外主義的ポピュリズムはあり得る。また欧州では過去のものとなった新自由主義的ポピュリズムが、いまだに日本で伸長している理由は、需要側において、「既得権益グループがいて社会経済が良くならない」というような、「改革、改革」と叫ばれた平成時代のステレオタイプといえる「政党・政治不信やエリート不信」が依然として大きいからとも説明できる。また日本で、新自由主義のポピュリズム的首長がみられるのは、出身構成が住民と乖離した議会を既得権益勢力として対立構図を作りやすいのも理由といえる。

3 ポピュリズム台頭の未然防止策

未然防止策の先行研究

次のテーマは、ポピュリズム台頭を未然に防止する方策の考察であるが、まず、その先行研究の状況をみてみたい。ミュデとカルトワッセルは、ポピュリストがいない社会にすら大衆にポピュリズム的意識が広がりつつあるとした上で、ポピュリズム発生を防ぐ方策として、まず需要を少なくする次の四つを提示している。[11] なお、必要に応じ最新の事例も加え説明している。

①政治における腐敗の防止。これはポピュリズム的意識につながる政党・政治不信やエリート不信を防ぐ基本的で最も重要な対策といえる。

②政治家及び国家機関への法の支配の強化。これは、政治の腐敗を防止し、国の政策の公平性を高めることになり、ポピュリズム的意識を間接的に弱まらせる施策となる。

③政党や政治家が、政策が上手くいかないときは、素直にその理由を説明するような真摯な態度を取ることである。すなわち「人を騙したりしない真正な政党」という姿勢を示すべきで、これによって、大衆はポピュリズム政党の主張や政策が現実的でないことも分かるという。

④主権者教育（公民教育）の充実。すなわち、主権者教育によって国民の民主的な思想を強化したり、多元主義の今日的な意義を理解すれば、過激主義の側面を持つポピュリズム的意識を防ぐ上で重要な役割を果たすという。

なお、以上の①②には独立的な機関たとえば検察や裁判所の役割が重要となる。このような時の政権の影響を受けない独立的な機関が機能することは、いわゆる「体制」がひとつの同質的なエスタブリッシュメントによって支配されていないというメッセージを大衆に発することができる。

さらに供給側に関する未然防止策つまりポピュリズムの担い手に対する対応策として、次の有力な四つのアクターの働きが重要だとする。

①主流の政治の担い手つまり既成政党や政治家が、ポピュリズム側と手を結んでポピュリズム台頭を未然に防ごうとしたり、または逆に徹底的に敵対する姿勢を取って防ぐことである。これは、次章（第7章4）で改めて詳しくみたい。

②裁判所など基本的人権の保護に努める機関が、十分機能することである。これによって、ポピュリズム政党が独裁につながる非リベラル的な攻撃的動き、たとえば人権や権力分立を侵害する改憲などを防ぐことができる。

③メディアが反ポピュリズムの姿勢を取ることである。ただ現在はＳＮＳの発展によって既存メディアへの不信感が広がっており、トランプが示したとおりポピュリストの操作によりメディアを通さず自分に有利なストーリーたとえば陰謀論を作ることができる。

④超国家的な機関たとえばＥＵや国連などが、民主主義を守るために機能することである。ただ国連の直接行使は難しく、ＥＵの動きは逆に大衆の反発を招いているのが実態かもしれない。

このように、現在の欧州でのポピュリズム研究は、各国の相互比較によって対策のあり方まで論じる水準に達しているが、日本では、ポピュリズム的首長の事例も多くなく、ポピュリズム政党は少ないため、対策に関する具体的な研究はほとんどないのが実態である。

そのような中、橋下劇場や大阪都構想住民投票を自ら経験した村上弘の分析は数少ない研究であり、次の対策を提示する（村上2018：172,173）。①ポピュリストの直接的な支持者拡大を他の人気ある政治家や政党が吸収すること。②単純な宣伝や攻撃に対しファクト・チェックの活動を広めること。③攻撃に対して言論と政治参加の自由を守ること。④選挙での投票率を高めること。少数派だが熱心に投票に行くポピュリズム支持層だけでなく、穏健で思考力を持つ市民が政治的決定に参加することである。⑤リベラル派や穏健保守派は（ポピュリズムから学んで）ポピュリズム支持者へ鋭いメッセージを伝えるべきで、同時にポピュリズムの指摘する問題の改善に取り組むこと。⑥人々が新聞や本を読み社会問題について話をしたり教育で事実を調べ自分で考える力を育てること、の六つである。

ちなみに筆者はこの中で、「ポピュリズム指摘の問題改善」とは、需要側にあげられた社会的不満や不安の要因の改善のことであり、これが最も基本的かつ重要な対策と考えている。実際、ミュラーも「彼ら（ポピュリスト）の提起した問題を真剣に受けとめるべき」（ミュラー 2017：125）だとしている。そのためには、政府の能力（対応力）向上も必要である。さらにミュラーは、大衆とエリートとのコミュニケーション不足も問題だとし、「惨めな人々」と見下すと、ますますポピュリズムを勢いづかせるという（ミュラー 2017：xi）。この場合、エリートは大衆を見下すような態度を示してはならない。

また、水島治郎は、既成政党が市民社会に基盤を失い有権者をつなぎとめる核になっていないことが根本的問題であるという。[12] これには、有権者と政党とのコミュニケーションの充実という未然防止策が必要で、具体的にいえば「既成政党の政治活動の活発化」である。

未然防止策の全体像

これまで、ポピュリズム台頭の未然防止策の先行研究をみてきたが、これらを参考に我が国でも適用できる未然防止策をまとめてみたい。ここでは、ポピュリズム台頭の未然防止策を、「政治がとるべき策」「機関（行政・民間など）がとるべき策」「有権者がとるべき策」の三つに落し込んでみたい。そこで、一つの台頭要因に一つの未然防止策を考えて積み上げていくこととし、また先ほどの先行研究もみていくと、各々の台頭要因に対応した未然防止策が、ほぼ導き出される（ただ供給側の要因については各々というより包括した策となる）。このようにして整理すると、図表六―二のようにまとめることができるので、これを見ながら、我々がとるべき策を日本の事例もあげて説明してみたい。

まず短中期的な対策をみると、政治は、「腐敗防止、大衆を見下さない、大衆へのメッセージ発信」などによって政治への有権者（大衆）の信頼性を維持・向上する必要がある。政治家は自分のことしか考えていないというような有権者（大衆）の反感がポピュリズム的意識であるので、この意識がおきないようにするには、特に、これらの未然防止策が重要といえる。そして機関（行政・民間など）は、「政治家及び国家機関への法の支配強化、ファクト・チェック活動、メディアによる監視」などによって有権者（大衆）の政治や政府への信頼が低下するのを防ぐとともに、有権者がポピュリズムの危険性に気づく効果がある。さらに有権者（大衆）は「主権者教育の充実」によって、政治や民主主義の基本的考えを理解して、特に反多元主義・非リベラルのポピュリズムには注意すべきである。

以上の観点からいえば、安倍政権下で森友学園をめぐる決裁文書改ざんをめぐって、有印公文書変造容疑などが不起訴となったのに対し、検察審査会が「不起訴不当」としたが、検察はまたもや二〇一九年八月に不起訴としていることは問題ともいえる。ただ、河井克行前法務大臣・案里国会議員の二〇一九年参院選に関わる公職選挙法違反（買収）容疑での二〇二〇年六月の逮捕は、逆に「法の支配」の好事例で政治腐敗の防止にもつながる[13]。

また「有権者がとるべき策」の「主権者教育の充実」は、大衆がリベラル・デモクラシーの主要な価値観を持ったり、ポピュリズムの持つ危険性について用心する意識を持たせる上で大切な対策である。ドイツでは、これを積極的に取り組んでいるとされるが、日本でも古矢旬は、一八歳選挙権引き下げを契機にスタートした日本の主権者教育で、ポピュリズムを適切にコントロールする能力取得の重要性を指摘する。すなわち、主権者らしく振る舞い、主権者らしく国の将来を考える人間を育て、市民社会的な共通感覚をいかにして育てていくかが大切だとする。ちなみ

	政治がとるべき策	機関（行政・民間など）がとるべき策	有権者がとるべき策
短中期	・政治腐敗の防止 ・政策が上手くいかないとき、その理由を説明する素直な姿勢 ・有権者（大衆）を見下さない ・有権者（大衆）へのメッセージの発信 ・主流政治家によるポピュリズムへの協調または対決	・政治家及び国家機関への法の支配強化 ・政府の能力（対応力）向上 ・ファクト・チェック活動 ・裁判所による人権保障などが機能すること ・メディアによる監視（既成政党・政治への監視と反ポピュリズムの姿勢） ・超国家的機関による監視（民主主義を守るため）	・主権者教育の充実
中長期	・ポピュリズム指摘の問題改善（政治による所得格差などの是正策の実施） ・既成政党の政治活動の活発化（有権者と政党のコミュニケーションの充実）	・政府の能力（対応力）向上 ・ポピュリズム指摘の問題改善（政府による所得格差などの是正策の実施）	・社会問題について学び考える力の育成

図表6－2　ポピュリズム台頭の未然防止策の全体像
（注）筆者が作成。

に、トランプ登場後、アメリカでは公民教育を充実させようとする動きがあるという[14]。

次に中長期的な対策をみると、政治は既成政党が政治活動を活発にして、「有権者と政党のコミュニケーションの充実」を図るべきで、また政治と機関は「ポピュリズム指摘の問題改善」たとえば所得格差や地域格差などの是正を実現すべきである。これらを、一言で言えば、今ある政党と政府がしっかりと有権者とコミュニケーションをとって社会問題を解決すべきということである。ということは、ポピュリズム伸長は政治や有権者にとって必ずしも悪いこととはいえないかもしれない。

さらに有権者は、「社会問題について学び考える力の育成」をすべきである。確かに時間はかかるが、根本的なポピュリズム台頭の未然防止策といえ、現在の高校などでの教育に期待したい。なお、図表六―二で提示した防止策以外にも、当然、他の有効な防止策があると思われるので、今後、この分野の研究が進むことを期待したい。また、日本における「ポピュリズム指摘の問題改善」は、次章で詳しく考えてみたい。

最後に、ここで述べた防止策は、各項目毎の方策すなわち対処療法的なものであるが、吉田徹が現在のポピュリズム第三波を収束させるには「政治的なイノベーション」（吉田2018：47）、を必要としたように、ポピュリズム台頭を打開するような新たな「国家ビジョン」を提示する方策があることも念のため指摘しておきたい。ちなみにモンクは、これまでのフルタイムつまり正規雇用を前提とした社会保障政策を見直すべきだとし、税制を革新した上で、非正規雇用を包含する柔軟な労働市場とポータブルな受給権を組み合わせた「現代的な福祉国家」を提唱している（モンク2019：238-241）。

注

（1）水島2016：180-184。
（2）以下、朝日新聞二〇一九年四月一八日「寄稿・英国の混乱、失敗の帰結」。コービンについては、宇野重規（朝日新聞二〇一九年六月八日）とブレイディみかこ（朝日新聞二〇一七年六月二二日）の指摘参照。
（3）水島2016：162-168,172-174。
（4）朝日新聞二〇一七年一一月二七日「エリート対ポピュリストに白票」大野博人・編集委員一部参照。その他、大統領選やマクロンについては、佐々木毅編著2018（野中尚人、第4章）が参考になる。
（5）水島2016：75。
（6）以上、国民戦線の歴史は、庄司2018：18,19、水島2016：71-73。
（7）以上、ＡｆＤの歴史は、庄司2018：22、水島2016：63,206-211。二〇一七年の連邦議会選挙結果は、疋田多揚・朝日新聞ベルリン支局（朝日新聞二〇一七年一一月二七日）。そして最近の状況は、読売新聞二〇一八年一〇月三〇日、一二月九日「メルケル路線継続」参照。
（8）庄司2018：93-95（カルトワッセル2015）
（9）モンク2019：139,140。
（10）水島2016：61-70。
（11）以下、供給側も含め、ミュデ／カルトワッセル2018：162-173。
（12）谷口将紀・水島治郎の対談（読売新聞二〇一八年一〇月二二日）。ミュデとカルトワッセルも、ポピュリズムの担い手と支持者と率直な対話をし、その不満や主張を理解して、リベラル・デモクラシーにふさわしい回答を展開すべきとする（ミュデ／カルトワッセル2018：175）。
（13）南日本新聞二〇一九年八月一〇日「森友問題・佐川氏ら再び不起訴」、読売新聞二〇二〇年六月一九日「河井前法相・案里議員逮捕」参照。
（14）古矢の指摘は、毎日新聞二〇一七年一月一八日「取引より熟議・主権者教育を」。アメリカでの動向は、朝日新聞二〇一九年七月六日「公民教育再評価」山脇岳志・編集委員。主権者教育の充実について、モンクは、リベラル・デモクラシーを守るための「市民的徳の刷新」として論じている（モンク2019第9章）。

Ⅲ　ポピュリズムへどう立ち向かうか

第7章
日本でのポピュリズム台頭の可能性と防止策

本章のテーマは、日本でのポピュリズム台頭の可能性と、その防止策であるが、そのためには、欧州のポピュリズム台頭を参考に、なぜ日本ではポピュリズムが台頭しにくいのかを、まず明らかにしたい。それを糸口に、需要と供給の考えを用いて、まず所得格差など主な要因をみた上で、今後のポピュリズム伸長の可能性を総合的に論じたい。そして最後に、もし政権与党を脅かすまでに台頭したとき、どう対応すべきかを考えたい。

1 日本でポピュリズムが台頭しにくい要因

欧州の多くの国で伝統的な二大政党が機能不全をおこし、ポピュリズム政党が台頭して政治が不安定化している中で、日本は政治に安定感と継続性がある例外的な国だといわれる(1)。実際、日本では、自治体レベルで、いくつかのポピュリズム的首長が登場していたが、国政レベルでは、新自由主義の右派ポピュリズム政党「維新」ぐらいで、まだ勢力も大きくない。そこで、前章でみた日本と同じように政治経済が安定している英仏独を含めた欧州ポピュリズム政党の台頭要因を参考にすると、日本でポピュリズムがおきにくい理由として、次のようなことがあげられる。

第一に、国政は議院内閣制を採用しているため、大統領制を採用している他の諸国に比べポピュリズムは起きにくく、選挙制度もポピュリズム伸長を難しくしていることである。すなわち国民が直接的に大統領を選ぶ場合、ポピュリストと国民が直接つながりやすいが、議院内閣制だと国会の多数派が首相を選ぶなど間接的であるため、ポピュリスト登場のハードルが高いからである。それと衆参の選挙制度が、それぞれ選挙区と比例を組み合わせたものであるが、選挙区の定数が多く、かつ一人区（小選挙区）が多いので、ポピュリズム政党が議席を伸ばしにくい面がある。

第二に、欧州の先進国のような政策が近い二大政党になっておらず、かつ与党・自民と野党・非自民の政策の違いも依然あることである。つまり政策の選択肢があり、また与党・自民の政権担当能力について、野党に比べ国民の評価が高いことがあげられる。

第三に、日本は島国であるためグローバル化の波にさらされるのが相対的に遅く、移民が少なく経済や人の国際化がまだ途上ということである。外国人人口は二六六万人（二〇一九年総務省調査）と二％程度にとどまり、欧州のような大量の難民・移民もなくテロもおきていない。すなわち、排外主義的な右派ポピュリズムの土壌が育っていない。

第四に、戦後日本の「国土の均衡ある発展」の理念に基づく政策などによって地域間格差が小さいということである。そのためアメリカ中西部やイングランド中北部のような「ポピュリストの牙城」となり得る廃れた地域は少ない[2]。

第五に、九〇年代からの新自由主義政策の進展によって国民へ「自己責任論」が広がっていることである。つまり、所得格差も自己努力の不足と認識すると、既成政党・政治の政策への不満につながらない可能性がある。

日本でポピュリズムが登場しにくい理由は以上であるが、それに加え後ほど述べる「所得格差」や「政党・政治不信」が、社会全体の不満の著しい高まりというレベルまで到達していないのも理由と考えられる。

2　日本でのポピュリズム台頭の可能性——需要と供給から考える

所得格差について考える

欧州諸国でのポピュリズム政党の台頭要因について、前章で図表六—一のようにまとめたが、これらのうち需要側であって社会的不満の基本的要因ともいえる「所得格差」と「政党・政治不信」などを考えてみたい。

まず所得格差については、平成の三〇年間をみても所得格差が拡大しているといわれる。その一つ目の理由は、高齢化の進行で、所得、資産などで個人差が大きい高齢者が増えたことである。

二つ目の理由は、平成の初めには所得の低い非正規雇用は勤労者の六人に一人ほどだったが、今では約四割（総務省労働力調査一九年三八・八％）まで上昇したことである。[3]

二つ目の理由に関しては、日本でも経済のグローバル化に対応した労働規制緩和によって非正規雇用が増加し所得格差も拡大し、平均所得（二〇一八年五五二万円）以下の世帯が六割を占めるという。所得格差拡大の背景には、ロスト・ジェネレーションいわゆるロスジェネ世代の存在もあげられる。バブル経済崩壊後の一九九三年から二〇〇四年頃まで新卒の求人倍率が極めて低かった時期に社会に出た世代のことで、就職氷河期世代とも呼ばれ非正規が多く、現在（二〇二〇年）、三四〜四九歳である。実は、二〇一九年七月参院選で躍進した「れいわ」は、このロスジェネ世代の支持があったという見方がある。

格差拡大の状況について、他の国とジニ係数（二〇一八年：一に近いほど格差大きい）で比較すると、米国〇・三九、イギリス〇・三七、日本〇・三四、イタリア〇・三三、スペイン〇・三三、ハンガリー〇・三一、ギリシャ〇・三一、フランス〇・三〇、ドイツ〇・二九、デンマーク〇・二六で、[4]米国やイギリスより格差は小さいが、フランスやドイツに比べると格差が大きくなっていることが分かる。ただ、一九七〇年代に「一億総中流」という言葉が生まれたように、今でも自らを「中」に位置付ける国民は九割（総務省二〇一四年世論調査）にも達している。[5]さらに日本人全体をみると格差容認論者が約六割、格差是正論者が約三割いることから、欧州に比べ日本人は所得格差について肯定的だという見解（橘木2018：163）もある。[6]このような状況だと、所得格差の不満が社会全体の不満となって政権与党を脅かすほどのレベルになりにくいといえる。以上

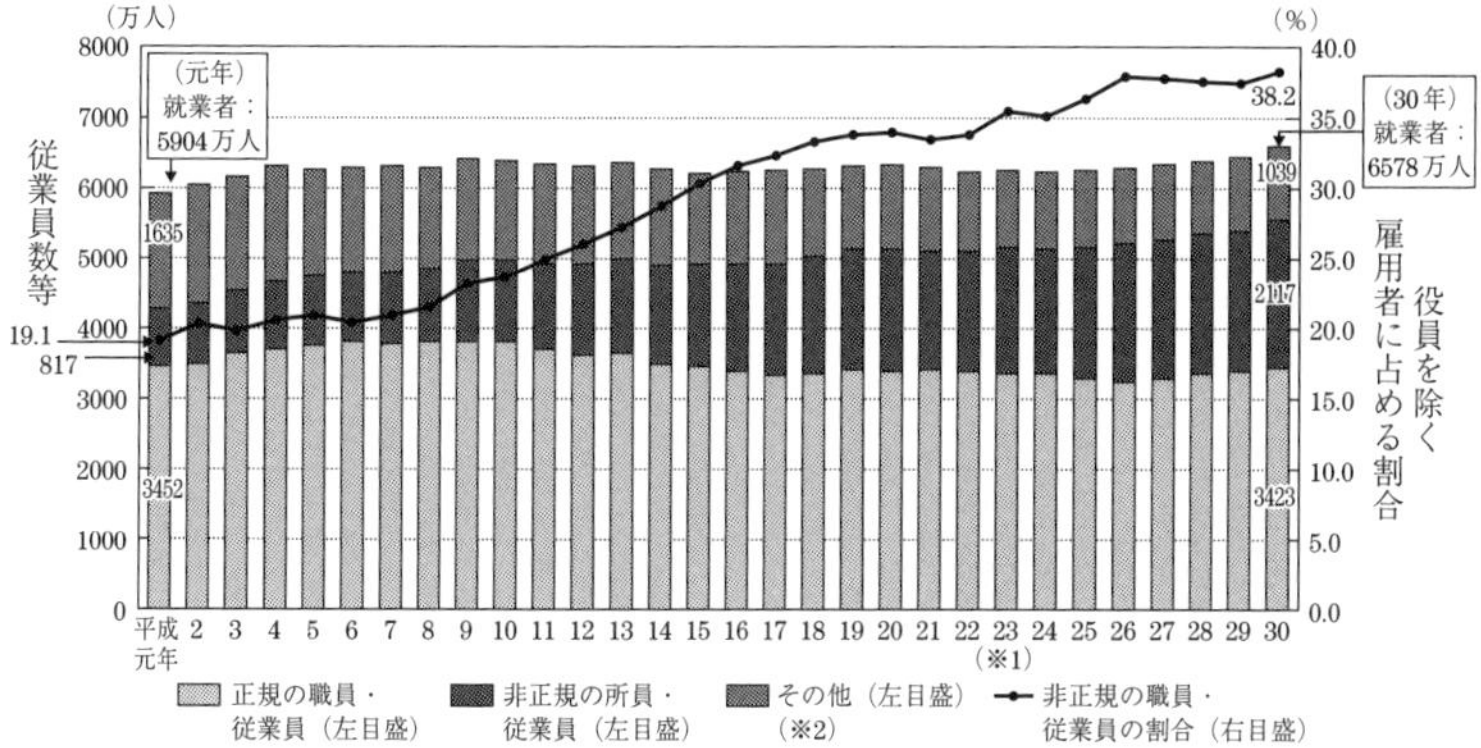

図表7－1　平成の就業者構成の推移

（注）就業者は、①自営業者、②家族従業者（自営業者の家族）、③雇用者、に分かれる。正規・非正規は③に当たる。

（出所）総務省統計局HPより。

のことを考えると、平成の三〇年間、非正規の増加もあって所得格差は拡大しているが、日本政治でポピュリズムが目に見えて台頭するほど社会全体の不満として大きくなっていないと推測される。

ちなみに、平成三〇年間の就業者の推移をみると（図表七―一）、正規雇用の数は減少せず（元年三四五二万人→三〇年三四二三万人）、非正規雇用の数が増えていることが分かる。すなわち、自営業者の数が減って非正規雇用が増えている。正規雇用が減少していないことは、欧米のように中間層の縮小・衰退という感じが日本全体に広がらない理由とも考えられる。

政党・政治不信について考える

日本でも政党・政治不信が広まっており、それは無党派層の増加が示している。一説には無党派層が全体の四割にも及ぶとされる（二〇一七年衆院選：明るい選挙推進協会調査、「支持政党なし」三三・七％、

「分からない」六・一％）。これは、一九九四年の政治改革以降、政党の離合集散を見た国民が既成政党に失望したのも理由だとされ、過去の「大阪（日本）維新の会」「都民ファーストの会」の躍進は、既成政党・政治家への不満が原因だとされる。

また、政党不信の根本的原因として、政党と有権者との距離が遠くなったこともあげられる。たとえば、農協や労働組合、婦人会や青年団、自治会や町内会など職場と家庭の間に位置する中間団体の力が弱まったことがあげられる。以前は多くの人々が各種中間団体に所属し、団体や政党が人々の政治的要求をくみ取っていたが、現在は、労働組合・農協や自治会などへの加入率は低下し中間団体を通じて政党に接する人々は大きく減少している。そのため、むしろ人々は、このような団体を既得権益の擁護者と見なすようになっている（水島2020：32-36）。

しかし現状を全体的にみると、前述の選挙制度の影響もあってか、「政党・政治不信」は、ポピュリズム政党の台頭という形で現れにくく、むしろ、投票率の低下として現れていると考えられる。それは、自民が安定した政権担当能力を示しているのも理由といえよう。

外国人労働者問題について考える

日本は島国で移民が少なく人の国際化がまだ途上と述べたが、構造的な人手不足もあって、二〇一九年四月から外国人労働者の大幅受け入れがスタートした（ただ二〇二〇年は新型コロナの感染拡大によって受け入れは進んでいない）。それまでの状況をみると、日本では表立って大規模な移民を受け入れていないが、就学ビザによる労働の制約なども緩く、実際は短期的就労者を多く受け入れていた。そのため、関東地方や東海地方で中小の製造業が多い市町村の中には、外国人の住民が相当数にのぼるところも多く、ゴミの出し方から学校教育まで行政が対応すべき課題も増えていた。これをみると、今後、内なる国際化がもたらす共生の難しさに直面するのは、中央政府でなく自治体といえる。(7)

外国人労働者の受け入れが進むと、一人の生活者としてしっかりフォローするため教育や福祉関連の自治体予算が大きく伸びる可能性がある。それに伴い住民の反発をもたらす可能性があり、ひいては排外主義的なポピュリズム登場もあり得る。たとえば遠藤乾は、日本の底辺には平均年収一八六万円の人々が一千万人近くいるとし、そこに、海外から労働者や実習生が流入するのはポピュリズム発生の要因になると指摘する。(8) このポピュリズムは、所得格差の不満に排外主義が加わったものといえるし、もしかするとナショナリズム的なアイデンティティ政治としてのポピュリズムとなるかもしれない。

以上のことから、現在は、まだまだ十分取り組まれていない前述の外国人労働者政策が、今後、市町村レベルで展開されると、外国人労働者への住民の反発は、市町村の首長選挙や議会議員選挙で、排外主義的ポピュリズムとして登場する可能性がある。実際、後述するように、排外主義を唱える政党「日本第一党」による、そのような事例がみられた。

需要と供給から総合的に考える

ここでは、日本政治におけるポピュリズム台頭の可能性について、需要と供給から総合的に考えてみたい。まず供給側（政治アクター）からみると、第Ⅰ部でみたように日本では自治体レベルでポピュリズム的首長が過去登場していたし、近年をみても、大阪での橋下劇場や東京での小池劇場さらに二〇一七年の東京都議会議員選挙での「都民ファーストの会」の躍進など、主に地方政治へのポピュリズムの供給がなされていた。そして国政レベルをみると、既得権益を批判する新自由主義的ポピュリズムとして「維新」は創設から約一〇年で、ついに二〇一九年参院選では、格差是正を求める反緊縮策の左派ポピュリズムの「れいわ」が登場した。これをみると、有権者の既成政党不信の受け皿としてのポピュリズムが登場し始めているのは確かである。

さらに、外国人への生活保護支給停止や外国人より日本人優先を唱えヘイトスピーチでも有名になった「在日特権を許さない市民の会」（在特会）の元会長・桜井誠が「日本第一党」を立ち上げている。桜井は二〇二〇年都知事選（投票率五五％、前回五九・七三％）に出馬して一八万票（前回一一万票）を獲得し第五位となったし、二〇年二月には、茨城県那珂市の市議選で「日本第一党」県本部長の原田陽子が当選している(9)。

供給側の政治アクターは、このような状況であるが、需要側の現状をみると、もともと前述したような日本ではポピュリズムが発生しにくい要因があり、かつポピュリズム台頭要因が複数発生して人々の社会的不満が高まっているという状況ではない。また社会的不安についても欧州のように大量の移民・難民やテロ続発ということはないので、高まっていない。

ただ一方、これまでをみると、所得格差は拡大傾向で、その対策は必ずしも十分とはいえないし、政党・政治不信を反映した無党派層が多いのも実態である。アフター・コロナを視野に入れると、いわゆる「コロナ失業」のように、非正規を中心に新たな所得格差の拡大がおき、かつ新型コロナ対策で国の借金残高が過去最大の約一〇〇〇兆円（国民一人当たり八〇〇万円）[10]に及び、この大規模予算の反動としての財政引き締めで、将来、福祉など社会政策の充実が難しくなると、社会の不満が一気に高まることも予想される。さらに将来は外国人労働者増加への反発によって、欧州のような排外主義的な意識が高まる地域も出てくる恐れがある。

ただ国政の選挙制度では、ポピュリズム政党が伸びる可能性は低い。なぜなら、日本では国政は小選挙区制によってポピュリズム政党が伸長しにくいからである。また都道府県議会でも一人区、二人区と少人数定数の選挙区が比較的多いので自民党など既成政党が強く、新たなポピュリズムの議員が当選するのは難しい。一方、市町村レベルになると、首長選は直接選挙であって、また議会選挙は市町村を一つのエリアとする大選挙区で当選ラインが低いためポピュリストは参入しやすい。

さらに全国一本の比例が導入されている参院選では、単一テーマいわゆる「シングル・イッシュー」、たとえば反移民・反外国人労働者などの政策を掲げるポピュリズム政党が、将来、一定の票と議席を獲得する可能性がある。これは二〇一九年参院選の政党「NHKから国民を守る党」いわゆる「N国党」を思い出すと分かりやすい。可能性としては欧州のEU議会のように、参院選比例区が日本におけるポピュリズム伸長のシグナルやバロメーターになるであろう。

以上のように現在は、ポピュリズムが台頭するほど、社会的不満や不安は高くなっている状況ではない。ただ、無党派層が四割もいるので、アフター・コロナでは、状況次第で日本でも欧州のような排外主義的ポピュリズムも含め、そのほかのポピュリズム現象が、自治体レベルでの首長選挙や議会議員選挙において、また国政レベルでは国政選挙の比例において、伸長する可能性があるといえる。

3　日本でのポピュリズム台頭の未然防止策

所得格差の拡大を防ぐ方策

先ほどみたように、今後の日本でのポピュリズム政党台頭の需要側の基本的な要因としては、「所得格差の拡大」「政党・政治不信の高まり」があげられ、さらに将来、欧州型のポピュリズムの発生要因になりそうなことに「外国人労働者問題」がある。したがって、本節では、これらの要因をいかに防ぐかを考えてみたい。

これらに対して取るべき方策とは、前章の図表六―二の「政治」と「機関」のとるべき策の中の「ポピュリズム指摘の問題改善」の対策である。まず「所得格差の拡大」についての対策とは、「格差の縮小」である。では所得格差の原因とは何であろうか。すでに前述したが、特に大きな理由は、経済のグローバル化の中での人件費縮減のための非正規雇用の増加である。実は、自民党は非正規対策として、正規雇用との間の「同一労働同一賃金」や一定の期間の過ぎた期限付き採用の「無期限化」など、本来、野党側が主張するような政策を打ち出している。さらに、最低賃金や児童手当の引き上げ策もある。まずは、これらの政策を確実に進めるべきであろう。

次にあげられるのは、ロスジェネ世代の存在である。これも自民は、ロスジェネ世代対策にも取り組もうとしており、それは就労支援策で二〇年度に予算措置がされている（ただ二〇年は新型コロナの感染拡大で企業の採用意欲が低下している）。自民党側すなわち右派の政策は、通常、雇用重視であるが、左派の政策は再分配重視が目立つ。たとえば、ロスジェネ世代が支持したといわれた「れいわ」の二〇一九年参院選の公約には、消費税廃止とともに「安い家賃の公共住宅を拡充」「全国一律最低賃金一五〇〇円」「一人あたり月三万円のデフレ脱却給付金を給付」の再分配政策がある（前掲図表四―六参照）。

以上が現在提示されている政策であるが、経済政策や産業振興のあり方も含め、今後も有効な政策を検討・実施していくべきである。たとえば二〇二〇年一二月のＮＨＫ世論調査によると新型コロナ感染拡大で家庭の収入が減ったのは二四％にも及んだ（七一％は変わらない）[11]。その多くがロス・ジェネ世代も含めた非正規と推測されるが、アフター・コロナでも国民の所得格差が拡大しないように、非正規対策は、ますます重要といえる。たとえば、今回の新型コロナで雇止め、いわゆる「コロナ失業」となった非正規の人々には、生活支援と職業訓練がセットとなった転職支援策など、従来の枠組みにとらわれない政策を期待したい。

政党・政治不信の高まりを防ぐ方策

「政党・政治不信の高まり」を防ぐには、前章で述べた「政治の腐敗防止」「法の支配強化」と「政府の能力（対応力）向上」という対策がある（図表六―二参照）。安倍政権は国会議員の不祥事には敏感であるが、法の支配強化はまだまだ不十分にみえた。たとえば、前述（第6章3）した森友・加計学園問題への対応の悪さがあげられる。また「政治腐敗の防止」は、基本的には現在の政治資金規正法を厳しく改正する方法が考えられる。

そして、既成政党が多くの一般の人々の意見を反映しようとする努力が重要である。これは図表六―二で、「政治のとるべき策」の中の「既成政党の政治活動の活発化」すなわち有権者と政党のコミュニケーションの充実である。この有権者とのコミュニケーションについては、非自民は労働組合つまり連合頼みであり、一般の人々の党員獲得に努力していないし、自民も個人後援会や各種団体の支援に依存している。本来は、自治体レベルの地方選挙のときから各政党は一般の人々に訴えて党員拡大や多くの人々とのコミュニケーション充実に努力すべきである。この一つのバロメーターとなる地方議会の党派性は、せいぜい県議会までで、市町村議会は進んでいない。市町村議会の党派性が十分でないため、政党活動は活発でないといえる（第4章2参照）。

いずれにしても、政党と有権者の距離をいかにして縮めていくかが課題で、その対策が必要である。たとえば、最も政治に声が届きにくいと感じている非正規の人々については、支援に取り組んでいるＮＰＯや市民グループなどと連携して、その主張を政治に反映することが考えられる。

しかし日本より政党と有権者とのコミュニケーションが進んでいる、すなわち政党の政治活動が活発といわれる欧州での既成政党の衰退は、政党と有権者の間で十分なコミュニケーションを取るのがいかに難しいかを物語っている。まずは前述した都市部を含めた地域での政党活動の活発化、すなわち有権者とのコミュニケーション充実を期待したい。

外国人労働者問題への対策

今後の外国人労働者の大幅受け入れによって、これまで日本が経験することがなかった問題が生じることが予想される。このうち治安悪化の懸念について、元警察庁長官の国松孝次(たかじ)は、「治安問題に転化するとすれば、それは政府の外国人政策がうまくいかなかった時だ。外国人を生活者として受け入れる総合施策を的確に取っていけば、犯罪は増えない」(読売新聞二〇一九年四月二七日)と指摘する。さらに宇野重規は、多文化社会を受け入れる理念を明確にしないまま、なんとなく外国人の受け入れが進んでいくと、生活に苦しんでいる人が反動化し、排外主義に走る可能性もあるので、外国人とともに生きていくための方針・理念をしっかりと議論していくべきと指摘する(宇野・会田2019：67)。

外国人労働者の受け入れ拡大は、二〇一九年七月の参院選を控えた政府が経済界の要望もあって早急に決めたものであり、理念という面では十分ではなかった。先ほどみたように、現在、外国人労働者対策は自治体が担っている面が大きい。将来、外国人労働者対策の充実が自治体財政に影響したり、不景気となって外国人労働者が解雇されて日本に滞留すると、現在の欧州のような反外国人で福祉排外主義のポピュリズムが発生する可能性はある。すなわち、外国人労働者を一人の人間、生活者として、その対策を充実したとしても、ポピュリズム発生の恐れのある難しい問題である。こういう意味でも、外国人労働者の大幅受け入れ、すなわち多文化社会を日本人が受け入れる「理念」を改めてしっかり考えておくべきであろう。

4　ポピュリズム政党への対応策——政権与党を脅かす時

これまで日本でのポピュリズム勢力や政党の台頭の可能性と、その未然防止策をみてきたが、ここでは、これまで述べた未然防止策がうまくいかず、国政レベルでポピュリズム政党が躍進して、政権に脅威を与えるようになったとき、政権与党や既成政党はどう対応すべきか考えてみたい。

ちなみに欧州のポピュリズム研究をみると、ポピュリズム政党にどう対応すべきかについて、豊富な事例研究を基にして一定の見解がみられる。これに対して、日本の研究状況は、ポピュリズム的首長の特色の研究が主で、対策についての研究は十分でなかった。このような中、水島治郎（2016）は、ポピュリズム政党が政権与党を脅かすとき、既成の政治勢力がとるべき四つの方策をミュデなどの研究を参考に、次のように提示している（水島2016：24-26）。なお提示の順番は図表七―二に合わせており、事例も筆者が海外の例を必要に応じて追加している。

①「対決」（非正統化）

既成政党がポピュリズム政党の正統性を全面的に否定し、場合によっては積極的に攻撃をしかける対応である。たとえば、ドイツでの非民主主義的な極左または極右政党の違法化などである。

②「孤立化」

既成政党がポピュリズム政党と協力したり連立政権を組むことを、原則的に避ける対応である。たとえば、フランスの国民戦線（現在、国民連合）に対する与党側の方針や、現在伸長するドイツのAfDに対して政権与党が連立しないということがあげられる。しかし、与党側のこの対応は、ポピュリズム政党の主張、たとえば政権与党は問題を直視していないなどの主張に、一定の説得力を有権者やポピュリズム支持者に与える恐れがある。

③「適応」（抱き込み）

既成政党がポピュリズム政党の正統性を一定程度承認した上で、ポピュリズム政党の挑戦を受け既成政党が自己改革に努める対応である。たとえば、オーストリアの政権与党・国民党の戦略があげられる。つまり与党が、ポピュリズム政党である自由党との連立政権を組み、お互いに、その政策が変化した。また、デンマークではポピュリズム政党の主張を受け入れ、移民・難民政策が厳しくなっている。

④「社会化」

ポピュリズム政党を否認せずデモクラシーのアクターとして認める点は「適応」と共通しているが、より積極的にポピュリズム政党に働きかけ、その変質を促す点が大きな特徴である。たとえば、前述したようにオーストリアではオーストリア自由党を連立政権に迎え入れることにより、ポピュリズム政党すなわち自由党が、実質上、内部分裂したことがある。

以上のうち③「適応」、④「社会化」は、国民への政策をどう行うかをめぐって各政党の間の競争、すなわち「政党間競争」としてとらえることもでき、このときポピュリズム政党は、自分たちの声が政治に届いていないと不満を持つ人々の代弁者として、たとえば前述の所得格差是正などを政策として実現しようとする。ただ、反多元主義や非リベラルのポピュリズム（ミュラーがいう「自分たちのみが真の人民を代表する」という主張や司法も民主的統制に服すべきと主張するポピュリズム）、すなわち独裁になる恐れがあるポピュリズム政党との「適応」「社会化」は避けた方がよい。

さらに水島治郎は、対応策として「包摂」と「排除」も提示している。すなわち「包摂」は、前述の③適応、④社会化、に当たり、「排除」は、①対決、②孤立化、に該当する。そして日本でも、「包摂」という対応策をとった例があると指摘する。それは、二〇一七年の衆院選での小池知事がリードした「希望の党」創設の動きである。これは、組織的に弱体化している既成政党が、あわよくばポピュリズム的な動向を取り込むことで起死回生を図ろうとする例である（水島2018b：198）。

また吉田徹は、政治の情念的な次元にあるポピュリズムと、理性的な次元にある参加民主主義が（戦線）協定を結び、現状の改革をすることこそ、ポピュリズムの危険性を乗り越える策であると主張する（吉田2011：221）。もしかすると、二〇一九年参院選で注目された「れいわ」に対し、今後、「れいわ」を含め野党間で協力し発展すると、この例になるかもしれない。

以上のような、様々な戦略がポピュリズムへの対処に使えるが、実際のポピュリズム対応策は、ほとんどが「敵対」と「協調」の二極の間にあって（図表七―二）、さまざまな戦略の組み合わせができ、有効かどうかはその国の民主政とポピュリズムの具体的特徴で変わるという（ミュデ／カルトワッセル2018：172）。すなわち、これまで述べたポピュリズム台頭の未然防止策が十分でなく、日本政治において、今後、政権与党を脅かすようなポピュリズム政党が台頭してきたら、以上の様々な戦略を参考に日本の現状・特色にあった対応策を考えていくべきである。

ちなみに、先ほどポピュリズム台頭によって、国民への政策をめぐって政党間競争がおきると述べたが、これを大きくとらえ、今回のポピュリズム台頭が世界歴史的にみて第三波という大きなうねりだとすると、この政党間競争を通じて吉田指摘の「政治的なイノベーション」（吉田2018：47）や、新たな「国家ビジョン」が登場することを期待したい。

敵対	協調
対決（非正統化）・孤立化	適応（抱き込み）・社会化
排除	包摂 協定

図表7-2　ポピュリズムへの既成勢力の対応策
（注）筆者が作成。

注

（1）たとえば宇野重規の指摘（読売新聞二〇一九年八月七日）。
（2）以上、第三の理由は、水島2018b：197,198。第四の理由は、同じく水島指摘（読売新聞二〇一八年一〇月二二日）参照。
（3）以上の二つの理由は吉川洋の指摘（読売新聞二〇一九年一月二七日）。吉川洋「格差はどのようにして生まれるのか」『中央公論』二〇一八年四月号。平均所得、平均以下の世帯の割合は、国民生活基礎調査（厚生労働省）より。
（4）「グローバルノート」国際統計専門サイトより。
（5）吉田2020a：109。
（6）ここで掲載されているが、アンケート調査（東京大学社会学教室二〇〇五年）によると「所得や社会的地位の格差がなくなってしまったら、人びとは一生懸命働かなくなる」という意見に対し、賛成六五・七％、反対二八・六％、わからない五・七％であった（橋木2018：163）。
（7）曽我2019：121。
（8）宮崎日日新聞二〇二〇年二月二四日。さらに遠藤は、一千万人ほどのアンダークラスが形成され、その上の「中の下」の社会階層もポピュリズム予備軍だとする（宮崎日日新聞二〇二一年三月二九日）。これは格差是正のポピュリズムといえよう。
（9）朝日新聞二〇二〇年五月一日「コロナであおる「排外主義」」、九月二日「ヘイトやめぬ党首・国政うかがう？」。
（10）具体的には、国債と借入金を合計した国の借金が二一年三月末で一〇〇〇兆円に達する見込みで、国民一人当たりの借金は約八〇〇万円となる（宮崎日日新聞二〇二一年三月二八日）。
（11）ＮＨＫ選挙ＷＥＢより。なお、この世論調査で菅内閣支持率は四二％まで低下した。

第8章
ポピュリズム政党が政権を取った時の対応策

本章では、政権を脅かすほどまで台頭したポピュリズム政党が、もし政権を取った時、我々はどう対応すべきか考えたい。本書では、ポピュリズムについて否定的でない見方をしばしば提示したが、いったん政権を取ると独裁に、すなわち「悪しきポピュリズム」や「悪しきポピュリスト」に転じる恐れもある。このような考えに基づき、我々はどう対応すべきか考えてみたい。それと政党・政治家は、民主主義を守るため日頃からどう行動すべきかも論じる。

1　悪しきポピュリストとは?

独裁に転じるポピュリスト

これまで、先進諸国では統治制度の中に権力分立をはじめ権力抑制的な仕組みが埋め込まれるなど、民主主義を守るための仕掛けが幾重に設けられているので、ポピュリズム政党が政権与党になっても民主主義を脅かすような制度改変は難しいという考えが一般的だった（水島2016：227）。しかし、近年のポピュリズム研究の中で、権力分立を有する先進国でも、選挙で選ばれたポピュリストが独裁者になる恐れがあるという見方が出てきた。日本では、これまでみたようにポピュリズム政党が政権をとるほどに台頭するのは難しいが、これは我々がポピュリズムやポピュリストを考える際の重要な視点である。

そこで、まず、独裁に転じるポピュリズムを考えてみたい。「大衆迎合主義」とも訳され国民の意見を迎合というレベルまで反映しようとするポピュリズムや、自分たちの声が政治に届いていないと感じる人々の声を代弁するポピュリズムは、政治や既成政党の政策について、より人々の声を反映させるなど、民主化を進めるというメリットがある。そういう意味では、このようなポピュリズムは「普通のポピュリズム」もしくは「良きポピュリズム」といえるかもしれない。

しかしミュラーの指摘のように、ポピュリズムが「反多元主義」「反エリート」の傾向を持ち、自分たちだけが人民を真に代表すると主張し、政権を取って、いかなる正統な反対派も認めようとしないと、独裁につながる恐れがある。さらに、ポピュリズムが政権を取って、自分らの思う政策を実現しようとしても反対派の反対が強く民主主義が伴う交渉、妥協、譲歩がもどかしいときは[1]、政策が実現できないのは反対派が不当な妨害をしているからと主張して、自分らの政策を実現しやすいように民主主義のルールや諸制度を改正（改悪）したり運用によって変更する恐れがある。

以上から、「普通の（良き）ポピュリズム」か「悪しきポピュリズム」かの基準は、まず「反多元主義」か、そして「非リベラル」かどうかということと分かる。すなわち、この基準は、民主主義、厳密にいえばリベラル・デモクラシー（自由民主主義）の否定につながる（終章で詳述）。さらに、最初は民主主義を尊重する「普通の（良き）ポピュリスト」であっても、自分らの主張や政策を実現するため独裁的な「悪しきポピュリスト」に転じることもある。

実際、ポピュリストの中には、独裁のための青写真を描いた上で就任する者もいるが、そうでない者も多い。むしろ、予期せぬ出来事の積み重ねの結果として民主主義が崩壊することが多々ある。つまり、政権を取ったポピュリストと、このポピュリストを脅威と感じた既成勢力との間で報復合戦がエスカレートしたときに、民主主義は崩壊しやすい。南米諸国では、一九九〇年から二〇一二年の間に、全一五人の大統領のうち五人がポピュリストのアウトサイダーだった。アルベルト・フジモリ（ペルー）、ウーゴ・チャベス（ベネズエラ）、エボ・モラレス（ボリビア）、ルシオ・グティエレス（エクアドル）、ラファエル・コレア（エクアドル）の五人は全員、民主主義の制度を弱体化させ独裁になっている。[2] そして、ついにアメリカでも、そのようなことに近いことがおきてしまった。

次に、「悪しきポピュリスト」の具体的な見分け方を、独裁者の特性から考えてみたい。海外の独裁に転じたポピュリストたちを参考に、レビツキーとジブラットは、独裁者になる恐れがあるポピュリストには、次の四つの特性があるという（レビツキー／ジブラット2018：41-43）。これは、独裁者を見極めるための四つの危険な行動パターンといえる。

①権力分立や民主主義的ルールを、言葉や行動で拒否あるいは軽視しようとする。たとえば、

憲法を守らない、選挙を取りやめるなど、反民主主義的な方策をとることなどである。

②政治的な対立相手の正当性を否定する。たとえば、ライバルを危険分子だとみなしたり、根拠なく激しく批判したり違法と主張することなどである。

③暴力を許容・促進する。たとえば、武装集団などと繋がったり、対立者への暴力を許容する態度をとることなどである。

④対立相手（メディアを含む）の市民的自由を率先して奪おうとする。たとえば、市民的自由を制限する法や政策を支持したり、対立する団体へ法的罰則措置を示唆することなどである。

以上が具体的にどういうものかは、トランプ大統領の事例（第5章3）をみてもらいたいが、現時点の日本では起こりにくいものと感じる。ただ、国民やメディアは、このような現象がおきたときは敏感に反応すべきである。たとえば、日本の例でいえば、検察官の定年延長に内閣が関与する検察庁法改正（二〇二〇年六月）を支持するポピュリストは要注意である。

独裁へのプロセス

ここでは、南米や東欧の独裁の事例（たとえば第5章のベネズエラ、ハンガリーなど）を参考に、独裁へのプロセスをみたい。以前は、軍隊によるクーデターによって軍政となり独裁を招くという劇的なプロセスがあったが、今日の民主主義の後退は、選挙で選ばれたポピュリストによって始まることが多々ある。まずは選挙で、既存の政治システムは真の民主主義ではなく、エリートが乗っ取り腐敗させ不正に操作したものだと訴える。そして、ポピュリストが選挙に勝って政権を握ったとき、民主主義を、より良いものにするという大義名分の下で、選挙制度や司法制度の制度改正を合法的に行う。しかし、これは民主主義にとって、改悪の制度改正である。

このとき新聞などメディアは、その記事や報道が偏っていると批判されたり、市民は引き続き政府を批判できるものの、批判した者は、大げさだと笑われたり嘘つきのレッテルを張られたり、なぜか税金がらみで法的トラブルに巻き込まれたりする。このように、眼に見えにくい形でポピュリズムが暴走し民主主義が崩壊していく[3]。

このような独裁化のプロセスをみると、次の二つの方法をとると独裁化がスムーズに行われる[4]。

一つ目は「審判の掌握」である。これは、ポピュリストが裁判官や検察官さらに最高裁といった法治制度の要を掌握することである。

審判を支配することは、疑いのある活動をしてきた独裁者たちを捜査から守る盾となると同時に、政敵や政敵の支持者（メディアも含む）を汚職や脱税の容疑で捜査したり処罰したりできる重要な武器となる。さらに、民主主義の諸制度や法律を自分にとって有利に改正（改悪）しようとするとき、最高裁が違憲判決を出すなどの邪魔をしないので、スムーズに改正できる。

二つ目は「メディアの掌握」である。これは、新聞・テレビなどメディアを政権寄りにしたり支配することである。税務調査をはじめ様々な方法によって、メディアやそのオーナーを黙らせようと舞台裏で脅したり、新聞やテレビを取りつぶす場合もある。

ただ現在は、ＳＮＳという既存メディアを攻撃する手法が登場している。たとえば、トランプは自分に批判的なメディアを支配することなく、ＳＮＳを使って自分に有利な状況を作ろうとし成功したともいえる。

実は日本でも、「メディアの支配」に関して、ここで述べたほどではないが、若干、危惧される事例がある。それは、テレビの情報番組などで手厳しい政権批判がみられるので、すぐには信じられないが、安倍政権でのメディアへの圧力について、国連のデービット・ケイ特別報告者が、国連人権理事会に対し、二〇一九年六月、「報道の自由」に関して日本に懸念を示す報告をしていることである。この報告では、日本政府が放送局に電波停止を命じることができる（放送法四条「政治的公平」）ことのほか、政府記者会見で政府に批判的な質問は、記者クラブを通すことによって実質制限していることなどを問題視している⑸。

いずれにしても「審判の掌握」「メディアの掌握」のようなことが起きないように、国民は日頃から注意つまり政治への関心を高めるべきである。そういう意味では、二〇二〇年六月、検察官の定年延長へ内閣が関与する検察庁法改正案に対して国民の批判が高まったため改正を見送り、実質上、廃案となったのは評価すべきケースである。しかし、近年の投票率の著しい低下は、国民の政治への関心の低下を示しているのではないかと危惧される。

2　独裁を防ぐ方策

独裁を防ぐ「門番」の重要性

もし独裁的なポピュリストが政権を取ったら、民主主義を守るため政治家や政党のすべきことは何であろうか。このような研究が少ない中、レビツキーとジブラットは、次の「門番」と後述の「選挙」が重要だと主張する。[6]

「門番」とは、独裁者になる恐れがあるポピュリストが政権に入ることを、政党や政治リーダーが防ぐことである。ムッソリーニもヒットラーも、時の政権が政権維持のため人気あるアウトサイダーを利用しようとして政権側に取り込んだのが始まりだった。民主主義が確立されているといわれるアメリカでも例外ではない。過去、ヘンリー・フォード、ヒューイ・ロング、ジョゼフ・マッカーシー、ジョージ・ウォレスなど過激論者が国民の一定の人気を得て大統領候補になる可能性があったが、そのとき政党のインサイダーが大統領候補になるのを阻止した。

そして現在でも、アメリカ大統領選での長期にわたる予備選は、独裁者になる恐れのある候補者をチェックする「門番」であった。しかし、二〇一六年大統領選でのトランプ躍進は、この「門番」のチェック機能が有効に働かないことを明らかにした。ちなみに、独裁に転じやすいポピュリストかどうかの判断は難しい。だからこそ、ポピュリストを政権に取り込むときには慎重に考えた方がよい。

他方、「門番」の役割を果たした最近の例としては、二〇一七年五月のフランス大統領選があげられる。マクロンとポピュリズム政党「国民戦線」のルペンとの決戦投票では、保守系・共和党の大統領候補だったフィヨンが、ルペン勝利阻止のために自分にとっては敵対的な候補者だったマクロンを支持するという驚きの一手に出た。これによって、共和党支持者の半数がマクロンに投票したと推測される。これは、ポピュリストが政権を取るのを防ぐ「門番」としての行動だった。

なお日本の場合、議院内閣制を採用しているので、大統領制よりポピュリストが政権トップに躍り出ることは難しい。ただ過去をみれば小泉首相の例がある。これは、党首選挙つまり自民党総裁選に一般の党員による投票を大幅に導入したことが原因であるが、現在、小選挙区制が導入され選挙に強い国民に人気のある人物を党首に立てたいという気持ちが国会議員に強いので、要注意である。

独裁への対抗策は「選挙」が基本

次に、先ほどの「門番」を突破した独裁的なポピュリストが、選挙で選ばれ政権を取って、民主主義的な制度を攻撃し始めたとき、反対派は何をすべきかを考えてみたい。ただ、いったん多数派となったポピュリストやポピュリズム政党に対しての選択肢は少ないとされる[7]。

特に、反対派による戦術を用いた強硬な攻撃は要注意である。なぜなら、反対派の強硬な攻撃はポピュリスト側の報復そして相互の報復の連鎖に陥り、ポピュリスト側は自分らが真に人民の意思を反映し、それが実現できないのは反対派が妨害するからだと主張して、諸制度を改悪して民主主義を崩壊させる恐れがあるからである。つまり、議会で過半数を制し多数派になったポピュリズム勢力に対する反ポピュリスト派による激しい攻撃は、ポピュリスト側に制度改悪の口実を与えてしまう。すでにみたようにベネズエラ（第5章1参照）やペルーでは、実際、これがおきていたし、トランプのアメリカも危なかった。

すなわち政権を握った独裁的なポピュリストやポピュリズム政党への反対行動は、過激にならないよう注意しながら、あくまで議会や裁判所など民主主義の制度的手法を利用すべきであるが、基本的には選挙を中心に進めた方がよい。そこでモンクの見解（モンク2019：196-199）を参考にすると、選挙でポピュリストを破るには、次の四つが必要だといえる。

第一に、連帯、特に反ポピュリストの政党や政治勢力が連帯することである。この観点からみると、二〇二〇年アメリカ大統領選は、民主党候補が最終的に、左派のサンダースでなく中道派のバイデンでまとまったのは、よりベターな方法だった。それと、アメリカの場合、「親民主主義」勢力を結集するという観点から宗教団体さらに企業（IT産業など）も協力する態勢を作るべきである。(8)

第二に、普通の市民の言葉で話し、有権者の抱く懸念に耳を傾けることである。

第三に、ポピュリストの失敗を繰り返しあげつらうのではなく、ポジティブなメッセージを発することである。

第四に、現状維持に甘んじるのでなく改革、特にポピュリスト指摘の問題の解決方法を提示することである。すなわち、それは、より良い未来のための骨太な見通しを提示することであるという。これは、前述（第6章3）した新たな「国家ビジョン」提示と同じものといえよう。

3　民主主義崩壊を防ぐ「暗黙のルール」

「相互的寛容」と「組織的自制心」の重要性

民主主義の崩壊に至る場合、最も危険なのは、対立する政党・政治家が互いに激しい報復の連鎖に陥ることである。それを防ぐには、独裁の恐れがあるポピュリストやポピュリズム政党が登場する以前から、民主主義の崩壊につながらないよう注意しなければならない。たとえばレビツキーとジブラットは、権力分立など定めた憲法だけを頼りに、将来の独裁者から民主主義を守り抜くのは難しく、政治家や政党は、日頃から次の暗黙の二つのルールを守るべきだとする。[9]

第一は、「相互的寛容」のルールである。

これは、「競い合う政党・政治家がお互いを正当なライバルとして受け入れる」という考えで、対立相手が憲法上の規定にそって活動している限り、相手も自分達と同じように活動し権力をかけて闘い政治を行う平等な権利を持っていることを認めることである。すなわち政治家はライバルを競争相手として受け入れ、ライバルを敵として扱わないことが重要である。そのときは「政治家みんなが一丸となって意見の不一致を認めようとする意欲」が大切である。もし敵としてライバルを激しく攻撃し始めると、ライバルも激しく反撃し、ひいては、ライバルが独裁的なポピユリストだと、独裁への道へ導いてしまうからである。

第二は、「組織的自制心」のルールである。

これは、「組織的特権を行使するとき、政治家に節度を求めるべき」という考えで、法律の文言には違反しないものの、その精神に反する行為は避けようとすることである。筆者としては、これを「持っている権限であっても、権力分立の精神から抑制的に使うこと」と理解したい。そうして初めて、民主的な制度を長年にわたって維持できるということを十分認識すべきである。

以上の「相互的寛容」と「組織的自制心」は、政党・政治家の暗黙の規範であるが、アメリカ政治では二〇世紀に入る頃までには確立され、アメリカ政治の権力の抑制と均衡のシステムの基礎となっていたという。しかし、政党同士の憎しみが本来あるべきバランスを崩したとき、抑制と均衡のシステムがリスクにさらされる[10]。実は、これが、次に見るように二一世紀に入りアメリカで実際に起きている。

深刻なアメリカの状況――今後のアメリカ政治

非白人のオバマ大統領が就任した二〇〇八年以降、共和党は、連邦議会において議事進行妨害、民主党への敵意、過激な政策姿勢などと、たびたび反体制政党のように振る舞ってきた。そしてオバマ大統領が退任する頃には、共和党の強硬策によって、予算を盾にした政府機関の閉鎖、時期外れの選挙の区割り変更、大統領による最高裁判事の指名拒否（指名には議会の承認が必要）なども行われた。すなわち、先ほどの「相互的寛容」と「組織的自制心」という民主主義の暗黙のルールは、すでに破られていた。今、考えると、民主主義を守っていた暗黙のルールが弱っているタイミングで、アメリカ国民はトランプというポピュリストを大統領に選んでしまったといえる[11]。

そしてトランプが大統領になると、トランプの独裁的な言動や行動で「組織的自制心」を破ることが多くみられた（第5章3参照）。たとえば、民主党が過半数を占める下院においてメキシコ国境の壁建設をめぐってオバマ時代の共和党と同じように予算を通さず、国の機関が閉鎖される事態となったが、これに対しトランプ大統領は、めったに使うべきでない「非常事態宣言」によって予算を流用して壁建設を進めた。そして最後には、選挙は不正だというトランプの扇動によって、トランプ支持者による前代未聞の連邦議会乱入事件（二一年一月）がおきてしまった。

こうなってしまったのは、前述（第5章3）したように今や二大政党が、政策より人種と宗教によって区別され、不寛容と敵意を生み出しやすいものに変化しているからである。そして、「共和党」対「民主党」の激しい対立の背景には、グローバル化による中間層の衰退や非白人の増加による「これまでの良きアメリカが消えていく」というような白人層の危機感がある。

最後に、今後のアメリカ政治を考えてみてみたい。待鳥聡史（まちどりさとし）は、中期的展望として、アメリカの「保守化」をあげる。それは、トランプ大統領による数名の保守の最高裁判事指名で最高裁判事の半数以上が保守となり、かつ彼らはまだ五〇歳代と若く今後最低でも二〇年は在任するからである。すなわち最高裁は、アメリカ政治の今後の保守化の原動力となるであろう。しかし長期的な変化としては、「リベラルの進展」が予想される。それは、人口動態からみて、国民の過半数が白人でなくなる時代が二〇五〇年頃には到来するからでる。このため、長期的にみればアメリカ社会でリベラル化が進むのは明らかである（待鳥2018b：19）。

いずれにしても、トランプによって悪化したアメリカ社会の分断化は、以上の今後予想される「保守化」から「リベラルの進展」の時代にあっても、長期にわたって続く可能性がある。今後も続くと予想されるアメリカ社会の分断化の中で、将来、「共和」対「民主」の激しい対立から、独裁につながる民主主義の危機がやってくるかもしれない。以上が、トランプが将来のアメリカ政治に与えた悪影響といえよう。

日本での「暗黙のルール」違反

日本ではアメリカほど深刻ではないが、「組織的自制心」が破られた最近の事例がある。まずは内閣法制局への人事介入である。日本の裁判所は具体的権利が侵害されて初めて違憲審査できる「付随的審査権」であるため、法律の内容を問うだけの提訴に関する違憲判決は難しく、法案を事前審査する内閣法制局が、実質上、「法の番人」の役割を戦後長く果たしていた。しかし、安倍政権は、内閣法制局長官について内部昇格という慣例を破って、二〇一三年八月、九条に関する憲法解釈の変更に前向きな外務省出身者を起用し、長年にわたって内閣法制局が違憲と判断していた集団的自衛権を合憲とした。これが一五年九月の安全保障関連法の制定につながる。

さらに内閣には最高裁判事の任命権があるが、安倍政権は、二〇一七年一月、最高裁判事のうち日本弁護士会が推薦するリストから起用する慣例があるポストに、リスト以外の人物を起用した。また、検事総長の任命権も内閣にあるが、歴代検事総長は原則、検察庁が若いうちから育てた候補者を政府が追認する形をとってきた。にもかかわらず、二〇二〇年一月、安倍首相寄りとされる東京高検検事長の異例の定年延長を閣議決定した。当時これは、今後、彼が検察トップの検事総長に就く可能性があるといわれた[12]。

以上は、前述した独裁化への効果的な方法である「審判の掌握」における「組織的自制心」を破る事例といえる。ちなみに、司法が専門家で構成され民主的統制に服しないのは、民主主義が暴走に陥るのを防ぐという長い歴史的経験に裏打ちされた制度としての知恵である。そのため、先ほどの行為は、大きな弊害が出る可能性がある。

たとえば自民が進める九条改正、すなわち自衛隊の明記もしくは軍事力不保持の改正をめぐって将来の徴兵制導入に繋がるという根強い反対意見について、自民は憲法一八条「苦役の禁止」に抵触し導入はありえないと説明している。しかし内閣法制局の法解釈が時の政権次第で変更になるのであれば、反対論者はこの説明を信じなくなるであろう。そして今回の集団的自衛権合憲の解釈も、もし非自民が政権を取ると、内閣法制局長官を変えて違憲と解釈を変更するかもしれない。また、もともと法曹界は一票の価値の格差を是正すべきとの考えが強いので、非自民政権は最高裁人事に介入して、最高裁が参院選の都道府県選挙区の選挙結果に違憲判決を出すかもしれない。これは都道府県の選挙区定数を地方を減らし都市部を増やし、都市部で強い非自民の政党に有利になる。

政権交代のたびに、このようなことが行われてしまうと、もし独裁的ポピュリストが政権をとると、この前例となった方法で容易に諸制度を独裁的に改正（改悪）または運用してしまう恐れがある。以上が日本でおきた「組織的自制心」に反する事例で、国民があまり気にすることなく行われたが、よく考えると日本の将来に禍根を残すことになるかもしれない。

4　日本の民主主義を守る基本的方策

日本の民主主義を守る基本的な考え方――暗黙のルールから

ここでは、あらためて、日本の統治制度と、その実態を考慮して暗黙のルールについて考えてみたい。民主主義を守るため、政党・政治家による「相互的寛容」と「組織的自制心」を特に強調するのは、アメリカでは共和党と民主党と交互に政権交代がおきるため、どちらかが敵対的になりすぎると民主主義の諸制度を、実質上、壊してしまう恐れがあるからといえる。また、アメリカの大統領制が完全なる三権分立で、相互牽制の仕組みがビルトインされているが、そこに各権力、たとえば大統領と議会が過度に対立すると、国全体として円滑に運営されないこともあるので、各々の組織的特権の行使には節度が求められるともいえる。

実は日本では地方自治制度が、これに似ている。首長も議会議員も住民が直接選挙で選ぶ二元代表制すなわち機関対立型なので、円滑な自治体運営のために、首長と議会が「車の両輪」にたとえられ、緊張関係にもほどよさが求められる。言い換えれば、議会は首長へ与党・野党という姿勢をとるべきではなく、各々の議員が首長に対し是々非々で対応すべきで、対立が激しくなって県政・市政・町政が停滞してはいけない。ここでは、まさしく首長と議会の間には「相互的寛容」と「組織的自制心」が必要である。

このような仕組みの中で、最大の敵である議会を自分寄りにしようと、橋下大阪府知事は地域政党「大阪維新の会」、小池東京都知事は同じく「都民ファーストの会」を立ち上げ、議会の第一党となった。チェック機関において首長が大きな影響力を持つことであり、一種の独裁を指向する動きである。すなわち、このような動きは、本来、好ましくないといえる。

ただ、もし独裁的なポピュリストの首長が登場しても、完全なる独裁になる可能性は低い。なぜなら、日本の地方自治には司法の権限が全くないし、立法である条例制定権も憲法で「法律の範囲内」と制限されているからである。つまり司法を掌握することはできず、立法の掌握も限界がある。さらに地方自治の制度は、国会が定める地方自治法で決まっているので、独裁的なポピュリストの首長が、地方自治の制度を改悪して独裁化しようとしても、制度を変えることはできないからである。

これに対し日本の国政は、大統領制でなく議院内閣制を採用し、首相はアメリカの大統領と違って予算編成権と法案作成権さらに国会提出権も持っている。また国会は、常に首相の政党が多数派で、議会と首相は実質、相互牽制的でない。言い換えれば、野党がいくら反対しても数の上では多数派でないので、その反対には限界がある。さらに、最高裁判事の任命権も内閣が持っており、アメリカのような議会の承認もいらない。すなわち、大統領が予算編成権や法案作成権を持たないアメリカに比べると、日本は完全なる権力分立とはいえず、首相は大きな力を発揮できるので、独裁的なポピュリストが首相になることがあれば、急に危険レベルに達する可能性がある。したがって、日本の議院内閣制においては、日頃から「相互的寛容」と「組織的自制心」を守ることは特に重要ともいえる。

日本で独裁的ポピュリストが政権を取った時の対応策

将来のことであるが、もし議院内閣制を採用する日本の国政で、独裁的ポピュリストが首相になるということは、反多元主義・非リベラルのポピュリズム政党が国政選挙で過半数を得ることを意味する。ただ政権選択となる衆議院選挙で、普通、ポピュリズム政党は勝利するのは難しい。つまり、これは、日本では小選挙区制度がポピュリズム政党進出の「門番」であることを示している。ただし比例（特に参院の全国区比例）もあるので一定の躍進はあり得る。このときは、前章（第7章4）のポピュリズム政党にどう対応するかの考察が役立つであろう。そして、もし政権を取ったポピュリズム政党と、野党側つまり反ポピュリズム派の対立が激しくなると、本章で述べた民主主義崩壊の危険レベルになる可能性もある。

このような状況にならないように、日頃から民主主義の暗黙のルールを守るとともに、まず取るべき対策は、次の「選挙」で反ポピュリスト勢力が勝利することである。そのためには、自民党のほか野党など既成政党が多くの国民の支持を集めるとともに、互いに協力・連携することが必要である。しかし多くの国民の支持を集めようとしても、たとえば野党は連合など労働組合の支援に依存していて一般の国民の党員は少ないという実態がある。まずは与野党とも無党派層が少なくなるよう多くの国民の支持を得ることが大切で、有権者とのコミュニケーション充実のための日頃の政治活動の活発化とともに、野党は連帯できるような「連立の知恵」が特に必要である。

もう一つの独裁へのケースとしては、党首選出に一般党員の選挙を大幅に導入している有力政党が政権を握っている時、ポピュリストが党首に選ばれ、首相になる可能性である。そのときは、首相優位の議院内閣制によって、政権与党の力は大きいので、本章で考察した「悪しきポピュリスト」にならないように、本章で述べた様々な警告、特に日頃から民主主義の暗黙のルールを大切に守るべきである。

さらに、日本でポピュリズム政党やポピュリストが政権を取って独裁にならないためには、次章で詳しくみる民主主義、特にリベラル・デモクラシー（自由民主主義）の考え方を、多くの国民に理解してもらうことが重要である。

注

（1）ミュラー2017：27、レビツキー／ジブラット2018：104。
（2）レビツキー／ジブラット2018：42,103。
（3）レビツキー／ジブラット2018：22、23。
（4）以下、二つの方法の説明は、レビツキーとジブラットへのインタビュー記事（読売新聞二〇一八年一一月二二日)。レビツキーとジブラットは、独裁化の戦略として、①審判を抱き込む、②メディアなど重要なプレーヤーを欠場に追い込む、③対戦相手が不利になるようにルールを書きかえる、の三つをあげる(レビツキー/ジブラット2018：216,25,106-112)。

(5)宮崎日日新聞二〇一九年六月二七日「国連報告者・報道の自由、日本に懸念」。なお国際ジャーナリスト組織「国境なき記者団」(RSF、本部パリ)は、二〇一九年の世界各国の報道自由度ランキングを発表しているが、日本は前年と同じ六七位と著しく低く、経済的な利益が優先され「多様な報道が次第にしづらくなっている」と指摘している(宮崎日日新聞二〇一九年四月一九日)。

(6)以下、レビツキー/ジブラット2018：24,38,64,74,75,96。

(7)以下、ジブラットへのインタビュー記事(読売新聞二〇一八年一一月二二日)参照。レビツキー/ジブラット2018：263,264。

(8)レビツキー/ジブラット2018：265も参照。

(9)民主主義が最も上手く機能しより長く生き残るのは、憲法が成文化されていない民主主義の規範に支えられているときだという(レビツキー・ジブラット2018：26)。この指摘を参考に筆者は「民主主義の暗黙のルール」と称したが、レビツキーとジブラットは「民主主義の柔らかいガードレール」と呼んでいる。以下、レビツキー/ジブラット2018：20,26,130-133,137,143,159。レビツキーとジブラットへのインタビュー記事(読売新聞二〇一八年一一月二二日)も参照。

(10)レビツキー/ジブラット2018：159。

(11)レビツキー/ジブラット2018：26,27,194,270。政治をまるで戦争のようにみなして激しく対決しようとする傾向は、共和党からスタートし、それは一九七〇年代の共和党下院議員ギングリッチに始まり、二〇〇〇年に入りブッシュ政権では民主党も取り始めたという(レビツキー/ジブラット2018：182,189)。

(12)以上、朝日新聞二〇二〇年二月四日「検事長定年延長に波紋「検察の独立に脅威」」。この記事の中に内閣法制局長官の経緯や最高裁判事任命の経緯も報道されている。なお付随的審査権は中村2015：199参照。司法人事の実態は小倉2021：209-213が詳しい。ちなみに判事任命権が内閣にある理由は、民主的統制といわれるが、筆者は最高裁側による違憲判決の乱発によって行政が滞ることがないよう牽制する意味があると考える。

終　章

リベラル・デモクラシーの危機

これまで日本でのポピュリズム台頭の可能性をみてきたが、海外では、リベラル・デモクラシー（自由民主主義）を否定するポピュリズムが出てきた。そこで本章では本書の締めくくりとして、権威主義の伸長とともにリベラル・デモクラシーを否定する人々がなぜ出てくるのかを含め、リベラル・デモクラシーについて、歴史と理論から意義と重要性またその危うさを考えてみたい。

1　民主主義の歴史——崩壊と拡大・発展

民主主義の歴史を振り返り、その崩壊と拡大・発展をみてみたい。民主主義は、ときには崩壊することもある。ドイツの場合、当時、最も民主的とされたワイマール憲法を一九一九年に制定したにもかかわらず、ナチス党を率いるヒトラーが躍進した。すなわち、民主主義の基本的制度である選挙を利用しながら巧みなプロパガンダを用いて、一九二〇年代に国会で第一党の座を獲得し、その後、ヒトラーは反対派を弾圧し独裁体制をしいた。そして日本の場合、大正期にいわゆる「大正デモクラシー」を経験したが、自由な言論は軍と政府によって抑え込まれていく。すなわち、満州・中国への侵略戦争とともに軍の一部はクーデター未遂（五・一五事件、二・二六事件）を起こし、言論・政治活動を広く規制していく。これは、一九二五年制定の治安維持法が、当初、天皇制の「国体」や資本主義の「私有財産制」を否認する団体結成を禁じたものであったのが、後に拡大解釈されたからである。最終的には、ドイツ・日本は第二次世界大戦に突入し、日本は一九四五年に敗戦を迎えることになる。

一方、民主主義は確実に拡大・発展してきたともいえる。一九世紀にヨーロッパで選挙権が徐々に拡大し、二〇世紀後半には世界各地で民主化が進み、日本やアジアなど、もともと個人主義や平等の文化が弱かった地域でも民主化が進む。二〇世紀には、社会主義とドイツや日本のファシズムという独裁や軍事政権が深刻な人権侵害をもたらしたが、それらの多くは自滅するか弱まっていった。また資本主義の側も、一九世紀のような自由放任・自由競争ではなく、二〇世紀後半には、経済政策や福祉政策を駆使して、景気変動を抑え生活水準を改善するのに成功した福祉国家が登場した(1)。

そして、米ソの冷戦を経て一九八九年のベルリンの壁崩壊を契機に、ソ連をはじめ各社会主義国は崩壊し冷戦も終了する。今や、民主主義は自明で当たり前の制度であって、守るべきという感覚が薄れているのかもしれない。このような中、前章でみたように、民主主義すなわちリベラル・デモクラシーを後退させる「悪しきポピュリスト」が、いくつかの国で登場しているのが、現在の状況といえる。

2　リベラル・デモクラシーの意義と危機

リベラル・デモクラシーの意義

リベラル・デモクラシーの意義を考える前に、民主主義が持つ多数支配の側面つまり「なぜ、多数に従わなければならないのか」という素朴な問いから考えてみたい。それは、民主主義が社会契約説などを通じて、「国民主権」という考えを採用したからである。すなわち、統治の正統性を国民主権に求め、国民（人民）の権力が絶対的であることを主張したため、国民イコール多数に従わなければならないという理屈つまり多数支配となったといえる。したがって、デモクラシーには人民（demos）のような何らかの共同性や一体性が求められることになる。[2]

そして民主主義の中でも、リベラル・デモクラシーすなわち自由民主主義は、最も一般的であると同時に理想とすべきものと考えられている。では、なぜそうなっているのかについて、次の二つのアプローチから考えてみたい。

まず、歴史的アプローチである。先ほど民主主義の歴史をみたが、過去、人民あるいは民族主義の名の下に、社会主義やファシズムの独裁が人々を苦しめたことがあった。一方、自由主義は、国家や政府の権力を制限し人々の自由を守ろうとする思想で、独裁を防ぐことができた。そのため今日では、民主主義については、多数支配に自由主義、そして後述する政党間競争すなわち多元主義的な要素を追加する定義がよくみられる。これは学問上の空論ではなく、過去、独裁政権が人々を苦しめたことへの歴史的反省から出ている。すなわち社会主義やファシズムは、一応、普通選挙制であったが人々の決定権や自由は小さく、その実態は民主主義とは言い難く独裁であった。この歴史的教訓から、独裁を防ぐリベラル・デモクラシーが望ましいという考えが広まったといえる。(3)

次に、理論的アプローチをみてみたい。リベラル・デモクラシーは、本来別々の原理であった自由主義(リベラル)と民主主義(デモクラシー)とが結びついたものであるが、その主な特徴としては、①立憲主義による人権の保障、②政党間競争と普通選挙に基づく代表制、の二つがあるという。そして、これらに対応したリベラル・デモクラシーの正当化の理由として、次の二つがあげられる。

第一に、民主主義が「多数者の専制」ないし「衆愚制」に陥ることを防止できることである。たとえば、前述の特徴①の立憲主義は、自由民主主義の自由主義の側面を現わす原理であり、民主主義による多数者の決定によっても侵害しえない(少数者の)人権や言論を保障するので、「多数者の専制」を防止できる。そして前述の特徴②の普通選挙に基づく代表制によって、国民の平等性を担保した上で、政治の十分な知識と判断能力を持っているとは限らない国民にではなく、本来、「賢明」なる人々とされる代表者に統治を委ね「衆愚制」を防止できるといえる。

第二に、多様な政党や団体が自由に活動し、その間で議論や批判が行われる結果、よりベターな政策が選択されるということである。これは、前述の特徴②の政党間競争のメカニズムであって、多元主義と重なる。なお政党間競争は、市場における企業間の競争、つまり質の悪い「製品」（本章でいえば政党・政治家）を駆逐し、より良い「製品」を生み出すことが期待できるという考えと同じものである。[4]

以上を短くまとめると、リベラル・デモクラシーは、間接（代表制）民主主義に自由主義と多元主義の考えを組み込むことによって、独裁を防ぐとともにデモクラシーのデメリットである「多数者の専制」や「衆愚制」を防止し、かつよりベターな政策を選択できるというメリットがあるといえる。そのため、過去の独裁への歴史的反省もあって、現在でも一般的でかつ理想的な民主主義の形態とされるわけである。実際、さまざまな利害・価値観の人々が集まって一つの社会や国を作る以上、個人の権利を守りつつ多くの人々の意見を政策に反映しようとする自由主義と多元主義的要素が入ったリベラル・デモクラシーは、現実的でかつ妥当な政治システムと考える。

しかし近年、世界各国でリベラル・デモクラシーの後退がみられる。スタンフォード大学の調査によると、二〇〇〇年以降、ロシア、ハンガリー、タイ、ウクライナ、トルコなど二五か国でリベラル・デモクラシーが後退したとされる。選挙に加え司法や立法府の権限などが制約され報道も制限される統治制度を持つ国を、強権的政治が行われているとか権威主義（その具体的内容は後述）と呼ぶことがあるが、二一世紀に入ってからもロシアを含めポーランドやハンガリーといった国は、その様相を強めてきた。その原因として、経済と社会のグローバル化で、労働環境ひいては生活水準が低下し、それを是正できない既成政党や政治家に対する有権者の不満の高まりがあるという。[5] そこで次に、リベラル・デモクラシーの危機として、その逆進性と乖離要因を考えてみたい。

リベラル・デモクラシーの危機――その逆進性

強権的な、また権威主義的な国家の伸長もあって、リベラル・デモクラシーは安泰でないというモンクは、次のようにリベラル・デモクラシーを定義した上で、その逆進の可能性を指摘する（モンク2019：29,30）。

①デモクラシーとは、民衆の考えを公共政策へと実質的に転換できる拘束的な選挙による制度／機関のことである。

②リベラルな制度／機関は、すべての市民の表現、信仰、報道、結社の自由（民族的・宗教的少数派を含む）といった、個人の権利や法の支配を実質的に守るものである。

③リベラル・デモクラシーとは、単にリベラルでデモクラティックな政治システムのことである。それは個人の権利を守る一方、民衆の考えを公共政策へと転換するものである。

そして、リベラル・デモクラシーとは、リベラリズムとデモクラシーが、技術的、経済・文化的前提から偶発的に結び合った政治システムであって、近年、この結び目は、急速に解けかかっているという。たとえばリベラル・デモクラシーの安定的な時期は、二〇世紀後半すなわち第二次大戦後からの五〇年ほどで、そのとき先進諸国が経済成長と同時に所得の平等化が両立していたからである。すなわち、資本主義でありながら社会政策を重視して安定した中間層が出現したからである。[6]それが現在、グローバル化などで経済成長が鈍化し、先進国を中心に中間層が縮小して、先ほどの結び目が不安定になっている。そうなると、次のように二つの方向に逆進する可能性がある。

	←リベラル的	非リベラル的→
↑民主的	リベラルな民主主義（例：カナダ）	非リベラルな民主主義（例：ハンガリー、ポーランド）
非民主的↓	非民主的なリベラリズム（例：EU）	権威主義（例：ロシア、中国）

図表終－1　4つのパターンの国家形態
（出所）モンク 2019:37 図2

一つ目は、デモクラシーは非リベラルになり得るということである。これは、裁判所など独立した機関を大統領や首相の意思に従属させようとしたり、反政権の少数派を抑圧しようとするときにおきやすい。

二つ目は、デモクラシーは、定期的かつ競争的な選挙があっても非民主的になり得るということである。これは、選挙があっても民衆の考えが公共政策に転換されず、政治や政策がエリートのためのものになっている状況である。[7]

以上の逆進が進むと、最終的には、図表終—一のような四つのパターンの国家形態になるといえる。その中で、現在、台頭しつつあるのが一つ目の逆進による「非リベラルな民主主義」で、例としてハンガリーやポーランドなどがあげられる。「非リベラルな民主主義」とは、自由・公平な選挙で選ばれた大統領や首相が、徐々に議会の権限や司法の独立性を制限、報道規制を強化して、市民の政治的自由に介入している状況である[8]。まさしくこれは、前章で述べた、独裁的ポピュリストが政権を取ることによっておきる独裁のプロセスに該当する。

ちなみにミュラーは、「非リベラルな民主主義」という呼び方は不適切だと指摘する。なぜなら、ハンガリーのオルバーン首相らは自分達の国は単にリベラルでないだけで民主主義だと主張できるからである。ポピュリストが傷つけているのは民主主義それ自体であるということを、しっかり認識すべきだという（ミュラー2017：65）。なおメディアにおいては、「非リベラルな民主主義」も「権威主義」も厳密に区分することなく、強権的政治だとか権威主義として一緒に論じられることが多い。

そしてモンクは、リベラル・デモクラシーが乖離する要因について、①経済成長の鈍化で生活水準が向上せず将来の悪化を危惧していること。②SNSなどによって大衆に直接発信できるため周辺化されていた運動や政治家の勢いが出ていること。③移民増加で単一民族的国家の姿が将来変わるかもしれないという危機感があること、の三つをあげる（モンク2019：139）。

このうち①は、先ほど述べたように、経済成長の鈍化によるリベラル・デモクラシーを支えてきた中間層の困窮化として論じられており、現在のポピュリズム第三波の原因である先進国での中間層の縮小・衰退と同じものである（吉田2020a：74,82）。なおアフター・コロナでは、この困窮化に拍車がかかることが危惧され、依然としてポピュリズム台頭が予想される。したがって、リベラル・デモクラシーを守るには、これら三つの要因への対処も含め、第六章でみたポピュリズムが発生しないための未然防止策、そして政権を取ったポピュリズムと反ポピュリズムの間で激しい対立・報復が生じないようにすることも大切である。

3 権威主義の伸長

権威主義国家とは

ここでは、図表終―一の中の「権威主義」の国、すなわち権威主義国家を詳しくみてみたい。権威主義国家とは、軍事独裁政権など全体主義と民主主義の中間に位置する国家で、国家が認めた団体であれば政治に参加できるなど、政治参加が時の政権に有利に制限されるという特色がある。また自由主義が人々の自由や多様性を重視するのに対し、権威主義は政府や政治リーダーの権威を重視するため、司法や報道も制限され、政策が政治リーダーの意向に沿ってトップダウンで決まるという特色を持つ。ちなみにノリスとイングルハートは、権威主義について、①安全の重視、②伝統への同調、③強い指導者への服従、という三つの価値を中核とすると指摘している。(9)

ところで、ポピュリズムは、「われわれ人民」のあいだ(あるいはその内)に意見の相違は存在しない(ということになっている)と主張することがある。これはルソーのいう一般意志と相通じるもので、「人民が共同体に共に参加し、共通の利益を強いるよう立法化する能力」を人民が持ち、かつこれは明白というだけでなく絶対的であるため、ポピュリズム政権というだけで正当化される恐れがある。[10]ということは意外に、ポピュリズムと政府・政治リーダーの権威を重視する権威主義とは、親和性が高いといえる。だからこそ、ポピュリズムが台頭しつつある現在、ますます権威主義はリベラル・デモクラシーを後退させる要因として要注意である。しかし実際は、次に述べるように権威主義的な政治への評価が高まっている面もある。

近年、社会主義市場経済を取り入れた中国などの権威主義国家が順調に経済成長していることから、権威主義を評価してリベラル・デモクラシーを疑問視する声が聞こえる。たとえば、二〇〇八年のリーマン・ショック後の世界の金融恐慌では、いち早く中国が積極的な景気刺激策を実行し世界経済を支えたので、不透明であっても政策を果敢に実行できる中国の体制に対する評価が高まったという。[11]すなわち経済政策の面では、民主主義という決定まで時間がかかる仕組みより、政治リーダーの決断で迅速に政策決定できる権威主義国家への評価が高まっている。これは、リベラル・デモクラシーにとっては脅威といえる。

日本における権威主義の伸長

日本をみると、企業人や若者の中で中国のような迅速な政策決定を見習うべきだという声もあるように、権威主義国家について必ずしも多くの人々が否定的だとは限らない。これに関して、中西新太郎は、日本で権威主義、言い換えれば強権的な政権に支持があるのは、民主主義の「衆議を尽くす」という進め方そのものに効率が悪いという風潮が強まっているからで、社会・経済システムを革新するには権威主義の方が都合が良く、民主主義的統治は「邪魔」という考え方があるからだという。その背景には、ロシアや中国には民主主義的統治と違う形の統治を実践する政治リーダーがいるが、日本もそうした統治を創り上げなければ、国家が衰退するという危機感があるからだという[12]。

しかし、中国など現在の権威主義国家の経済成長も、キャッチ・アップの段階であるので起きている現象かもしれない。そして、いつか経済成長が鈍化して国民の生活水準が低下し始めても、時の権力者は権力を手放なさない。したがって、政府批判できないなど言論の自由がない人権制約の制度のみが残る国となる恐れが十分ある。実は、リベラル・デモクラシーは経済成長が鈍化しても、政党間競争によって、よりベターな政策を選択できるというメリットがある。また権威主義のように政治リーダーに判断を任せるより、長期的に見れば、社会全体が多様性を持つ方が、リスク分散という点で、また経済成長の面でもメリットがあるといえる[13]。このように考えると、現在の権威主義国家への積極的ともいえる好評価の風潮は、いかがなものかと疑問を感じる。

おそらく、近年の日本での権威主義への好評価は、現在の日本の政治システムが既得権益保護に傾き改革が進まないというステレオタイプ的な人々の不満を反映したものと考えられる。つまり、この不満の解決を、独裁に転じる恐れのある権威主義の政治システムに求めようとするのでなく、ポピュリズムの未然防止策（第6章3）でも述べたように、このような不満の解決のための対策を既成の政党や政治家に求めるべきであろうし、新たな「国家ビジョン」の提示も期待したい。

さらに、「そもそも論」的に考えると、筆者は政治を「人々の利害や価値（思想）の調整」と捉えているが、企業経営は、「構成員のエネルギーを組織目標にいかに集中させるか」ということであるので、先ほどの政治の考え方と根本的に違うといえる。すなわち、そもそも違う国家運営と企業経営のあり方が、同じように論じられるのが、権威主義伸長の原因ではないかと考えられる。

権威主義をあらためて問う

ここでは、「権威主義は容認できない」という日本国内の主張を、全国紙の社説（読売新聞二〇一九年五月四日）から紹介したい。これは、「民主主義の退潮を食い止めよ」と題し、中国・ロシアさらにハンガリーやトルコなどにも強権的政治で国内の異論を抑え込む権威主義的な統治が広がっているとした上で、「内部対立が露呈しやすく、合意形成に時間がかかる民主政治と比べ、強権政治が政策の迅速な遂行に有利なことは確かだ。だが、ネット空間を含めて情報や言論を統制し、国民の基本的人権を侵害する統治は、決して容認できない。民主主義の脆弱さを認識した上で、民意をより良く反映し、安定した政治を実現できる制度を築き直さねばならない。」と述べている。

強権的、権威主義的な考えが安易に広まらないように、このようなマスメディアでの主張は重要である。あらためて、権威主義が人権侵害を伴う独裁に陥る恐れがあるという弊害を認識すると同時に、前述（本章2）したリベラル・デモクラシーは「独裁を防ぐとともにデモクラシーの欠点である衆愚制や多数者の専制を回避でき、かつよりベターな政策を打ち出せる」というメリットを再確認して、政党・政治家さらに国民は、リベラル・デモクラシーを守るという意識を強くすべきである。そして、先ほどの社説の最後の「民意をより良く反映し、安定した政治を実現」が示すように、政党・政治家は、国民への政治不信の拡大を防ぎながら、非正規の人々やロス・ジェネ世代など困っている人々の声もしっかり政策に反映して、かつ前章で述べた民主主義制度維持のためにも、日頃から「暗黙のルール」(「相互的寛容」と「組織的自制心」)を守りながら独裁に転じやすい「悪しきポピュリスト」が登場しないようにすることが重要である。

4　新型コロナウイルスと民主主義

新型コロナウイルス感染拡大の世界史的意味を考えると、新型コロナだけでなくエボラ出血熱やSARS、MERSなど二〇世紀末から未知のウイルスが続々と出現した根本的原因は、工業化で増えすぎた人口を養うために耕地や都市を開発しすぎたことにあるといえる。すなわちこれまで、人間と接触がなかった生態系にいたウイルスが人間の世界に入ってきやすくなった。つまり、パンドラの箱を開けたようなものだ。さらに現在は、グローバル化が進んで世界全体が複雑に結びついているので、局所的におきた小さな変化がまたたく間に世界中に波及して、ときには今回のような大きな災いを引き起こすこともある。[14]

歴史的にみても、感染症は社会を大きく変える契機となっている。たとえば欧州ではペストが一四世紀に流行して、人口が減少し教会の権威が失墜し封建制の崩壊が始まったとされる。日本をみると、「大化の改新」の頃は天然痘が流行し、当時四〇〇万人の人口のうち一〇〇万人が亡くなり、仏教が悪いと寺院が壊されたが、その後、見直され大仏建立につながっている。江戸時代末には、コレラが大流行し、一〇〇万人都市の江戸で約三万人の死者が出たとされ、尊皇攘夷派は開国が原因だとあおり明治維新につながっていく(15)。

すなわち、今回の新型コロナも社会に大きな変化を与える可能性がある。このような中、民主主義より強権的・独裁的な政治システムの方が、パンデミック対策には優れているという声もみられるので要注意である。

著名な歴史学者ハラリは、新型コロナ対策に強権的な中国が封じ込めにうまくいったが、他の強権的または独裁的な国、たとえばイランやトルコなどは失敗しているという。報道の自由がなく、政府が感染拡大の情報をもみ消していたのが原因である。中国も報道の自由があれば、いち早く封じ込めに成功していただろう。実は、長い目でみれば、民主主義の方が危機に対応できる。その理由は、国民が情報を得て自発的に行動できる人間になるので、危機にうまく対処できるからである。これに対し、独裁政権は誰にも相談せず決断し速く行動できるが、間違った判断を確信したり誤った政策に固執する恐れがある。それと、民主主義でも素早く対応できる。その例としては台湾がある。さらに政府からの情報を人々がより信用できるという利点があり、緊急措置をとるための独裁は必要ではないとハラリは主張する(16)。

また民主主義は、独裁と比べると、政治参加の機会拡大と多様性の許容によって、誤った決定をしても自己修正して状況を立て直す能力がある。そして新型コロナ対策で一時的に独裁が有効に見えても、自由で多様なアイディアの表出で優れている民主主義は、長期的にみれば、選択肢を狭めやすい独裁に比べ新型コロナなどパンデミック対策でも有効であるといえる[17]。

さらに本章では権威主義的な中国への評価が高まっているとしたが、実際は、WHOの独立委員会から、中国当局は二〇年一月により強力な公衆衛生上の防疫措置をとることができたはずとの中間報告が出ており[18]、今回の新型コロナによって、その評価は低下している面もある。たとえば竹森俊平は、経済界も含め武漢での感染発生時に中国政府が感染情報を隠蔽したことや、香港への国家安全維持法の押し付けで、中国への警戒感は世界的に強まったという[19]。

当然のことながら、日本は、今後とも、また将来も現在の民主主義すなわちリベラル・デモクラシーを守り続けるとともに、アフター・コロナにおいては、世界歴史的にみた現在のポピュリズム第三波を乗り越える新たな「政治的なイノベーション」や「国家ビジョン」が提示されることを期待したい。

注

（1）以上、本節は、村上2018：143-145参照。
（2）森2008：94,95、2016：287。
（3）村上2018：147参照。
（4）以上の理論的アプローチの説明は、田村・近藤・堀江2020：209を整理したものである。
（5）吉田徹の指摘（読売新聞二〇一九年一月一〇日「論点・試練のリベラル民主主義」）参照。

(6) 吉田2020a：68-71。
(7) 以上、モンク2019：30。モンクへのインタビュー記事（朝日新聞二〇一八年一一月七日）も参考にした。
(8) 神保謙の指摘（読売新聞二〇一九年一一月二五日「ポピュリズム権威主義」）を参照。
(9) 村上2018：155,115一部参照。ノリスとイングルハートの指摘は古賀2019：87。
(10) ミュデ／カルトワッセル2017：29。
(11) 渡辺博史（読売新聞二〇一八年一一月一一日）。
(12) 朝日新聞二〇二〇年二月一二日「強権のままでいい若者たち」。
(13) ジャレド・ダイアモンド教授（カリフォルニア大学）の指摘（大野2018：32）。
(14) 出口・鹿島2020：73。
(15) 長崎大学熱帯医学研究所教授・山本太郎指摘（朝日新聞二〇二一年一月一五日）。
(16) ユヴァル・ノア・ハラリへのインタビュー記事（朝日新聞二〇二〇年四月一五日、読売新聞二〇二〇年一一月二二日）。
(17) 宇野2020：258,259,262。
(18) 宮崎日日新聞二〇二一年一月二〇日「中国初期対応出遅れ」。
(19) 読売新聞二〇二〇年九月四日「米大統領選貿易摩擦の影」。

参考文献

青山佾（2020）『東京都知事列伝』時事通信社。

朝日新聞大阪社会部（2019）『ポスト橋下の時代――大阪維新はなぜ強いのか』朝日新聞出版。

有馬晋作（2011）『劇場型首長の戦略と功罪――地方分権時代に問われる議会』ミネルヴァ書房。

有馬晋作（2014）「首長の変遷からみる地方政治の変貌――改革派首長の系譜」日本地方自治研究学会編『地方自治の深化』清文社。

有馬晋作（2017a）『劇場型ポピュリズムの誕生――橋下劇場と変貌する地方政治』ミネルヴァ書房。

有馬晋作（2017b）「ポピュリズムが生じるとき――日本における劇場型首長登場の背景」日本新聞協会編『新聞研究』二〇一七年五月号。

有馬晋作（2017c）「劇場型ポピュリズムの視点から小池都知事を読み解く」生活経済政策研究所編『生活経済政策』二〇一七年六月号（No.245）

磯崎初仁・金井利之・伊藤正次（2011）『改訂版・ホーンブック地方自治』北樹出版。

石井妙子（2020）『女帝小池百合子』文藝春秋。

石川真澄・山口二郎（2021）『戦後政治史・第四版』岩波書店。

岩井奉信（2011）「地方政治から日本を変える？――挑戦する首長たち」佐々木信夫・外山公美・牛山久仁彦・土居丈郎・岩井奉信『現代地方自治の課題』学陽書房。

植松健一（2012）「自治体ポピュリズムの憲法政治――プレビシットと民意」榊原秀訓編著『自治体ポピュリズムを問う』自治体研究社。

後房雄（2017）「ポピュリズム型首長の行政マネジメント――橋下徹と河村たかしの事例」日本行政学会編『年報行政研究』五二号。

宇野重規（2020）『民主主義とは何か』講談社。

宇野重規・会田弘継（2019）「対談・国際社会の荒波を包摂の理念で迎え入れる」中央公論新社『中央公論』二〇一九年六月号。

遠藤乾・水島治郎（2017）「対談・大衆のマグマは日本にも溜まっている」中央公論新社『中央公論』二〇一七年

五月号。

大嶽秀夫（2003）『日本型ポピュリズム』中央公論新社。

大嶽秀夫（2006）『小泉純一郎・ポピュリズムの研究』東洋経済新報社。

大嶽秀夫（2017）『日本とフランス「官僚国家」の戦後史』ＮＨＫ出版。

大嶽秀夫（2020）『平成政治史』筑摩書房。

大野和基：インタビュー・編（2018）『未来を読む――ＡＩと格差は世界を滅ぼすか』ＰＨＰ研究所。

小倉慶久（2021）「第9章・司法」森本哲郎編『現代日本政治の展開――歴史的視点と理論から学ぶ』法律文化社。

片山善博・郷原信郎（2017）『小池百合子・偽りの都民ファースト』ワック。

片山善博（2020）『知事の真贋』文藝春秋。

蒲島郁夫・竹下俊郎・芹川洋一（2007））『メディアと政治』有斐閣。

北村亘・青木栄一・平野淳一（2017）『地方自治論――2つの自律性のはざまで』有斐閣。

木村光太郎（2017）「主体の政治――民主主義、ポピュリズム、ポストモダニズム」尚美学園大学『総合政策研究紀要』第三〇号。

木村正人（2006）「Ⅴ．ポピュリズム再考――指導者民主制と決断主義」森元孝編著『ポピュリズムとローカリズムの研究――東京の同化・統合のリソース』（2004～2005年度科学研究費補助金、研究成果報告書）

国末憲人（2016）『ポピュリズム化する世界』プレジデント社。

久保文明（2018）『アメリカ政治史』有斐閣。

久米郁男・川出良枝・古城佳子・田中愛治・真渕勝（2011）『政治学・補訂版』有斐閣。

幸田雅治（2020）「平成の市町村合併が自治にもたらしたもの――合併した周辺部の衰退と地方分権一括法の理念の軽視」ぎょうせい編『月刊ガバナンス』二〇二〇年四月号。

古賀光生（2019）「西欧の右翼ポピュリスト政党の台頭は文化的反動によるものであるか」日本政治学会編『年報政治学』二〇一九‐Ⅱ、筑摩書房。

斎藤幸平（2020）『人新世の「資本論」』集英社。

坂口安紀（2021）『ベネズエラ――溶解する民主主義、破綻する経済』中央公論新社。

佐々木毅編著（2018）『民主制とポピュリズム――ヨーロッパ・アメリカ・日本の比較政治学』筑摩書房。

佐々木信夫（2011）『都知事――権力と都政』中央公論新社。

佐々木信夫（2016）『東京の大問題』マイナビ出版。

佐道明広（2012）『「改革」政治の混迷』吉川弘文館。

庄司克宏（2018）『欧州ポピュリズム――EU分断は避けられるか』筑摩書房。

砂原庸介（2015）『民主主義の条件』東洋経済新報社。

善教将大（2018）『維新支持の分析――ポピュリズムか、有権者の合理性か』有斐閣。

曽我謙悟（2019）『日本の地方政府』中央公論新社。

曽我謙悟・待鳥聡史（2007）『日本の地方政治――二元代表制政府の政策選択』名古屋大学出版会。

高橋進・石田徹編（2013）『ポピュリズム時代のデモクラシー――ヨーロッパからの考察』法律文化社。

田村哲樹・近藤康史・堀江孝司（2020）『政治学』勁草書房。

橘木俊詔（2018）『ポピュリズムと経済』ナカニシヤ出版。

谷口将紀・水島治郎編著（2018）『ポピュリズムの本質』中央公論新社。

辻陽（2019）『日本の地方議会』中央公論新社。

鶴原徹也編（2021）『自由の限界――世界の知性21人が問う国家と民主主義』中央公論新社。

出口治明・鹿島茂（2020）『世界史に学ぶ・コロナ時代を生きる知恵』文藝春秋。

中井歩（2017）「橋下劇場の第1幕と日本の地方政治におけるポピュリズム」京都産業大学『産大法学』第五〇巻、第一・二号。

中北浩爾（2017）『自民党――「一強」の実像』中央公論新社。

中北浩爾（2019）『自公政権とは何か――「連立」にみる強さの正体』筑摩書房。

中北浩爾（2020）「地域からのポピュリズム――橋下維新、小池ファーストと日本政治」水野治郎編『ポピュリズムという挑戦』岩波書店。

中村睦男編著（2015）『はじめての憲法学・第3版』三省堂。

畑山敏夫（2007）『現代フランスの新しい右翼』法律文化社。

平井一臣（2011a）『首長の暴走――あくね問題の政治学』法律文化社。

平井一臣（2011b）「劇場化し暴走する地方政治――阿久根から大阪へ」岩波書店『世界』二〇一一年一一月号。

藤本一美（著者代表）大空社編集部編（2009）『戦後アメリカ大統領事典』大空社。

待鳥聡史（2015）『代議制民主主義』中央公論新社。

待鳥聡史（2018a）『民主主義にとって政党とは何か』ミネルヴァ書房。

待鳥聡史（2018b）「アメリカ政治の重層性に意識を」中央公論新社『中央公論』二〇一八年一二月号。

松本創（2015）『誰が「橋下徹」をつくったか――大阪都構想のメディアの迷走』140B。

松谷満（2011）「ポピュリズムの台頭とその源泉」岩波書店『世界』二〇一一年四月号。

真鍋弘樹（2018）『ルポ・漂流する民主主義』集英社。

水島治郎（2016）『ポピュリズムとは何か』中央公論新社。

水島治郎（2018a）「2017年のヨーロッパを振り返って」佐々木毅編著『民主政とポピュリズム』筑摩書房。

水島治郎（2018b）「ポピュリズムの拡大にどう対応するか」谷口将紀・水島治郎編著『ポピュリズムの本質』中央公論新社。

水島治郎編（2020）『ポピュリズムという挑戦』岩波書店。

三春充希（2019）『武器としての世論調査』筑摩書房。

宮本知樹（2017）「小池都政――石原・猪瀬・舛添都政との政策的な違いは何か」生活経済研究所編『生活経済政策』二〇一七年六月号（No.245）。

村上弘（2010）「『大阪都』の基礎研究――橋下知事による大阪市の廃止構想」立命館大学法学部『立命館法学』二〇一〇年三月号。

村上弘（2018）『新版・日本政治ガイドブック・民主主義入門』法律文化社。

森政稔（2008）『変貌する民主主義』筑摩書房。

森政稔（2016）『迷走する民主主義』筑摩書房。

森井裕一編（2012）『ヨーロッパの政治経済・入門』有斐閣。

薬師寺克行（2014）『現代日本政治史』有斐閣。

薬師院仁志（2017）『ポピュリズム――世界を覆い尽くす「魔物」の正体』新潮社。

山口二郎（2010）『ポピュリズムへの反撃』角川書店。

山本圭（2012）「ポピュリズムの民主主義的効用」日本政治学会編『年報政治学』二〇一二―Ⅱ、木鐸社。

吉田徹（2011）『ポピュリズムを考える』ＮＨＫ出版。

吉田徹（2018）「ポピュリズム成立の歴史的条件」中央公論新社『中央公論』二〇一八年一二号。

吉田徹（2020a）『アフター・リベラル』講談社。

吉田徹（2020b）「『首長ポピュリズム』の時代――日本のポピュリストはなぜ新自由主義者なのか」『表現者クライテリオン』二〇二〇年一一月号、啓文社書房。

吉見俊哉（2009）『ポスト戦後社会』岩波書店。

吉見俊哉（2018）『トランプのアメリカに住む』岩波書店。

エルネスト・ラクラウ（1985）『資本主義・ファシズム・ポピュリズム』横越英一監訳、柘植書房。

カス・ミュデ／クリストバル・ロビラ・カルトワッセル（2018）『ポピュリズム――デモクラシーの友と敵』永井大輔・高山裕二訳、白水社。

クリスチャン・ヨプケ（2019）「リベラリズムは衰退したのか？」堀井里子訳、中央公論新社『中央公論』二〇一九年六月号。

スティーブン・レビツキー、ダニエル・ジブラット（2018）『民主主義の死に方』濱野大道訳、新潮社。

ヤン＝ヴェルナ・ミュラー（2017）『ポピュリズムとは何か』板橋拓己訳、岩波書店。

ヤシャ・モンク（2019）『民主主義を救え！』吉田徹訳、岩波書店。

フランシス・フクヤマ（2019）「民主主義の脅威、ポピュリズムとは何か」豊島実和訳、中央公論新社『中央公論』二〇一九年六月号。

ボブ・ウッドワード（2018）『恐怖の男――トランプ政権の真実』伏見威蕃訳、日本経済新聞出版社。

あとがき

前著『劇場型ポピュリズムの誕生』（ミネルヴァ書房）を刊行した頃、すなわち二〇一七年初めは、トランプ大統領の登場もあって、我が国で一気にポピュリズムが注目されるようになり、一般向けのポピュリズムに関する本も出版されるようになった。筆者の最初のポピュリズムの著書『劇場型首長の戦略と功罪』（ミネルヴァ書房）が刊行された二〇一一年秋に比べると、大きな違いである。

実は、筆者は、二〇一一年の著書から日本のポピュリズムを研究テーマとしてきたが、その頃から、学生部長、教務部長そして学長と大学運営に携わり忙しくなり、学会参加もままならず、政治学でのポピュリズム研究者との交流もなく年月が過ぎることになってしまった。もともと筆者は行政学・地方自治論が専門で、かつ実務家出身であったため、本書は、他のポピュリズム研究者との議論を十分経ることなく執筆した独学的な著書ともいえる。ただ、先行研究や関連研究は、しっかり押さえた学術論文となっていると自負している。

それと、我が国で海外のポピュリズムへの関心が高まったため、海外のポピュリズムの状況も把握しやすくなり、本書のように海外のポピュリズムの動向から日本のポピュリズムを論じる著書を執筆することが可能になった。また、仕事が忙しくなればなるほど、自分の趣味の研究（今や本業）を進めたくなるという、大学教員への転職前からの癖が、本書執筆には大いに発揮された。空いた少ない時間を積み上げて、やっと一冊の本に仕上げることができた。

ご存じのとおり、二〇二〇年三月から、新型コロナウィルスが我が国でも感染拡大し、宮崎公立大学も学生数が約千人という小規模大学ではあるが、前例のない決断を求められることがしばしばあった。卒業式、入学式も中止し、授業は急遽オンラインを軸に展開し、かつ学生の半数が卒業までに短長期の海外留学などをすることから、短期研修や公費留学を中止したり急遽帰国指示を出したりするなど、大変な一年であった。そんななか、このような著書を刊行できたことは感慨深いものがある。

出版にこぎつけたのは、筑摩書房ＯＢの湯原法史氏（早稲田大学）との御縁が大きい。また、筆者にとっては、世界のポピュリズム特に近年の欧米については不安な面があったが、同志社大学の吉田徹先生（欧州比較政治）には、完成前の原稿を読んでいただき好評価を得たのが刊行の決意につながった。このお二人にはこの場を借りて厚くお礼申し上げたい。また刊行に当たっては、筑摩書房編集部の松田健氏には、大変お世話になり、同じくお礼申し上げたい。

あと本書は、筆者の東京にいる孫、友希（小学一年）、晴太（三歳）の両者が大学生になる約十年後にも、本書が日本のポピュリズム研究の基本文献として生き残ることを願って力を入れて執筆したものでもある。最後になるが、筆者の学長任期が再任となり二〇二三年三月までとなったが、定年後の研究テーマは、「ユニーク知事から見た地方自治の歴史」と決めているので、定年後のアフター・コロナでは、新たな本の調査研究のため全国を旅するのが夢である。この夢、実現のため、日々精進しなければならないと思う今日この頃である。

二〇二一年夏

有馬晋作

有馬晋作 ありま・しんさく

一九五五年、鹿児島県生まれ。明治大学経営学部卒業。鹿児島県庁に二三年間勤務。その間、旧自治省にも勤務し、社会人入学で鹿児島大学大学院人文社会科学研究科博士後期課程満期退学、博士（学術）。二〇〇四年より宮崎公立大学人文学部助教授、〇八年に同大学教授、一七年から同大学学長。日本地方政治学会理事。専門は行政学、地方自治論。著書は、『東国原知事は宮崎をどう変えたか』、『劇場型首長の戦略と功罪』、『劇場型ポピュリズムの誕生』（いずれもミネルヴァ書房）など。

筑摩選書 0217

暴走するポピュリズム 日本と世界の政治危機

二〇二一年八月一五日　初版第一刷発行

著　者　有馬晋作

発行者　喜入冬子

発　行　株式会社筑摩書房
東京都台東区蔵前二-五-三　郵便番号 一一一-八七五五
電話番号　〇三-五六八七-二六〇一（代表）

装幀者　神田昇和

印刷 製本　中央精版印刷株式会社

ISBN978-4-480-01735-2 C0331

筑摩選書
0028
日米「核密約」の全貌
太田昌克
日米核密約……。長らくその真相は闇に包まれてきた。それはなぜ、いかにして取り結ばれたのか。日米双方の関係者百人以上に取材し、その全貌を明らかにする。

筑摩選書
0029
農村青年社事件
昭和アナキストの見た幻
保阪正康
不況にあえぐ昭和12年、突如全国で撒かれた号外新聞。そこには暴動・テロなどの見出しがあった。昭和最大規模のアナキスト弾圧事件の真相と人々の素顔に迫る。

筑摩選書
0030
公共哲学からの応答
3・11の衝撃の後で
山脇直司
3・11の出来事は、善き公正な社会を追求する公共哲学という学問にも様々な問いを突きつけることとなった。その問題群に応えながら、今後の議論への途を開く。

筑摩選書
0045
北朝鮮建国神話の崩壊
金日成と「特別狙撃旅団」
金 賛汀
捏造され続けてきた北朝鮮建国者・金日成の抗日時代。関係者の証言から明るみに出た歴史の姿とは。北朝鮮現代史の虚構を突き崩す著者畢生のノンフィクション。

筑摩選書
0062
中国の強国構想
日清戦争後から現代まで
劉傑
日清戦争の敗北とともに湧き起こった中国の強国化への意志。鍵となる考え方を読み解きながら、その国家構想の変遷を追い、中国問題の根底にある論理をあぶり出す。

筑摩選書
0063
戦争学原論
石津朋之
人類の歴史と共にある戦争。この社会的事象を捉えるにはどのようなアプローチを取ればよいのか。タブーを超え、日本における「戦争学」の誕生をもたらす試論の登場。

筑摩選書 0072

愛国・革命・民主
日本史から世界を考える

三谷 博

近代世界に類を見ない大革命、明治維新はどうして可能だったのか。その歴史的経験から、時空を超える普遍的英知を探り、それを補助線に世界の「いま」を理解する。

筑摩選書 0076

民主主義のつくり方

宇野重規

民主主義への不信が募る現代日本。より身近で使い勝手のよいものへと転換するには何が必要なのか。〈プラグマティズム〉型民主主義に可能性を見出す希望の書！

筑摩選書 0105

昭和の迷走
「第二満州国」に憑かれて

多田井喜生

破局への分岐点となった華北進出は、陸軍の暴走と勝田主計の朝鮮銀行を軸にした通貨工作によって可能となった。「長城線を越えた」特異な時代を浮き彫りにする。

筑摩選書 0129

中華帝国のジレンマ
礼的思想と法的秩序

冨谷 至

中国人はなぜ無法で無礼に見えるのか。彼らにとって法や礼儀とは何なのか。古代から近代にいたる過程で中華思想が抱えた葛藤を読み解き、中国人の心性の謎に迫る。

筑摩選書 0134

戦略的思考の虚妄
なぜ従属国家から抜け出せないのか

東谷 暁

戦略論がいくら売れようと、戦略的思考は身につかず、政府の外交力も向上していない。その理由を示し、戦略論の基本を説く。真の実力を養うための必読の書！

筑摩選書 0135

ドキュメント　北方領土問題の内幕
クレムリン・東京・ワシントン

若宮啓文

外交は武器なき戦いである。米ソの暗闘と国内での権力闘争を背景に、日本の国連加盟と抑留者の帰国を実現した日ソ交渉の全貌を、新資料を駆使して描く。

筑摩選書 0165

教養派知識人の運命
阿部次郎とその時代

竹内 洋

大正教養派を代表する阿部次郎。『三太郎の日記』で栄光を手にした後、波乱が彼を襲う。同時代の知識人との関係や教育制度からその生涯に迫った社会史的評伝。

筑摩選書 0168

ルポ　プーチンの戦争
「皇帝」はなぜウクライナを狙ったのか

真野森作

戦争が続くウクライナの現実。訓練された謎の覆面部隊、撃墜された民間航空機、クリミア半島のロシア編入……。何が起こっているか。ロシアの狙いは何なのか。

筑摩選書 0171

「抗日」中国の起源
五四運動と日本

武藤秀太郎

建国の源泉に「抗日」をもつ中国。この心性は五四運動を起点とするが、当初は単なる排外主義ではなかった――。新史料をもとに、中国のジレンマを読み解く。

筑摩選書 0174

台湾物語
「麗しの島」の過去・現在・未来

新井一二三

ガイドブックよりも深く知りたい人のために！　台湾でも活躍する作家が、歴史、ことば、民俗、建築、映画、そして台北、台中、台南などの街と人々の物語を語る。

筑摩選書 0175

林彪事件と習近平
中国の権力闘争、その深層

古谷浩一

世界を驚かせた林彪事件。毛沢東暗殺計画の発覚後、林彪は亡命を図るが、搭乗機は墜落。その真相に迫る。習近平の強権政治の深層をも浮かび上がらせた渾身作！

筑摩選書 0181

天皇と戸籍
「日本」を映す鏡

遠藤正敬

日本人たることを〝証明〟する戸籍、戸籍をもたない天皇家。いずれも「血統」等の原理に支えられてきた。両者の関係をあぶり出し、「日本」を問い直す渾身作！

筑摩選書
0184
明治史研究の最前線
小林和幸 編著

政治史、外交史、経済史、思想史、宗教史など、多様な分野の先端研究者31名の力を結集し明治史研究の最先端を解説。近代史に関心のある全ての人必携の研究案内。

筑摩選書
0186
皇国日本とアメリカ大権
日本人の精神を何が縛っているのか?
橋爪大三郎

昭和の総動員体制になぜ人々は巻き込まれたのか。戦後のアメリカ大権を国民が直視しないのはなぜか。戦前の聖典『国体の本義』解読から、日本人の無意識を問う。

筑摩選書
0192
アジア主義全史
嵯峨 隆

アジア諸国と連帯して西洋列強からのアジア解放を目指したアジア主義。その江戸時代から現在までの全史をたどりつつ、今後のアジア共生に向けて再評価する試み。

筑摩選書
0196
独裁と孤立
トランプのアメリカ・ファースト
園田耕司

自国益を最優先にすると公言し、意見の合わない側近を次々と更迭したトランプ大統領。トランプの「アメリカ・ファースト」とは何か? 真実に迫るドキュメント!

筑摩選書
0201
保守思想とは何だろうか
保守的自由主義の系譜
桂木隆夫

ヒューム、諭吉、ナイトという三つの偉大な知性が、近現代の黎明期に見出した共通の主題「保守的自由主義」を抽出。保守思想と自由主義の相克を超える道をさぐる。

筑摩選書
0207
紅衛兵とモンゴル人大虐殺
草原の文化大革命
楊海英

文化大革命で中国政府は内モンゴルのモンゴル人三四万六〇〇〇人を逮捕し、二万七九〇〇人を殺害した。それを実行した紅衛兵の実態を暴き、虐殺の真相に迫る。